京都歷史事件簿

林明德 著

遠流

目次

自序

廬山寺與哲學之道

寺町通在京都御苑附近的這段是條人煙稀少的小路。說它人煙稀少，是因為路上幾乎見不到住家，行人寥寥。偶而會有車子呼嘯經過，似乎不願留下什麼。你會以為到了郊外，雖然還在京都市內。

第一次到京都，我沿著寺町通，來到了初春的廬山寺。時間是早上十點多，寺門大開，進去四處逛逛，竟不見一人。最顯目的是門口的一塊招牌，寫著「源氏物語執筆地紫式部邸宅址」。

在京都，「探頭寺」很多，街頭巷尾，處處寺院神社。每次走到一間寺院前，常會駐足探頭，不知道要不要進去參觀參觀。但是到了廬山寺，我毫不猶豫走了進去。為什麼？因為它的故事。如果不是《源氏物語》的作者紫式部曾駐足於此，如果不是我知道了這件事，廬山寺可能就像京都其他眾多寺院一樣，從不會出現在我的旅遊地圖上。

哲學之道也一樣。哲學之道旁的疏水分線是琵琶湖疏水工程之一。春日繁花盛開，遊走其中，實為人生一大享受。但是這番美景恐怕還不及西田幾多郎等人的影響。京都大學的西田大師和他的夥伴們有空沒空就到這條小路上漫步沉思，造就了小路的盛名。雖然大部分外國人不了解西田幾多郎的成就，但是沒有他，哲學之道就不是哲學之道，不過是京都市內一條美麗的溪邊小路而已。

「山不在高，有仙則名；水不在深，有龍則靈」，用來形容廬山寺及哲學之

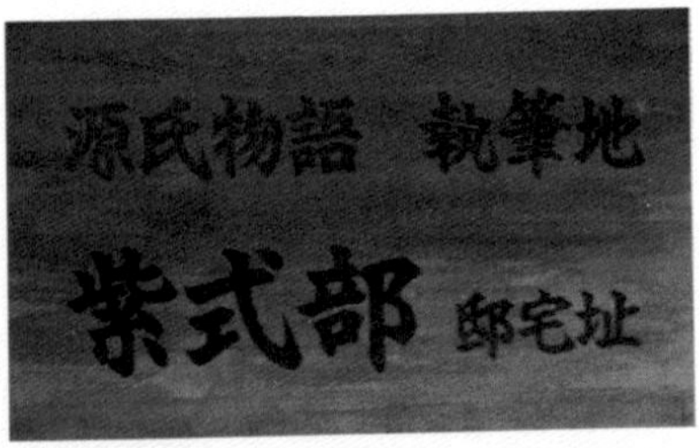

廬山寺門牌。

道，恰如其分。
知道旅行地點的故事是一種樂趣。以京都為例，到一座寺廟，可以純粹欣賞建築之美，或者沉浸在古典的氣氛中。但是如果了解它的歷史及故事，相信會有不同的觀感。
知道本能寺之變的過程，舊本能寺前的街道變得不再是一般的小路。時空回到四百年前，你可以想像當日明智光秀大軍殺聲震天衝入本能寺的模樣，你可能看到織田信長在烈火中含恨退入內室，最後引刀自裁的影像。遊廬山寺，你可以想像紫式部在屋簷下振筆寫下她的千古名著。當撫摸著蛤御門的彈痕時，你或許會隱隱感覺背後吞噬京都市街的衝天烈焰。
「故事」讓我們跳脫時間的限制，神遊古今往來之中，更增添旅行的樂趣。這是我寫這本書的目的。
但是京都故事實在太多，寫不盡，只能擇要述之。
本書中的每一則故事，都可以在京都找到對應的地點，你可以依照本書探究故事發生的地點，或者，看完本書後把它放在一邊，等到了那個地點，再回想這個故事。兩種方法都可以增加旅行的深度。
書中陳述的故事多為史實所載，史實未定部分則盡量呈現不同的說法，供讀者自行判斷。至於傳說的部分也會讓讀者知道那是傳說。
當然，也可以不用那麼嚴肅，旅行就旅行，放鬆心情就好。

本能寺之變

戰國大勢一夕豹變

驚天動地的反叛，日本歷史的謎團。
織田信長為何切腹終結波瀾壯闊的一生？
直行？右轉？
明智光秀這步踏出，從此改寫戰國歷史。
站在如今是平凡街道的事發地點，
遙想當年，只覺歷史之不可思議。

春天，我從京都西邊的桂驅車前往西北邊的老坂。古來從山城國（今京都府南部）要往西北方的丹波國（今龜岡盆地一帶），必須沿著山陰道，越過老坂才能到達，到現在還是如此。老坂雖是往來山城與丹波必經之地，但是地處山谷偏僻處，人煙稀少，除了快速通過的汽車外，只見到附近墓地掃墓的人。下車後，我在山野及車陣中尋尋覓覓，最後終於在山陰舊道旁找到山城國及丹波國國境碑。

古時日本將全國分成數十「國」，類似中國的州、省行政劃分。國與國之間的道路旁都立著國境碑，告知來往行人國界到了。這是一種類似路標、再普通不過的東西，但山陰舊道上的國境碑卻經常引人注目。

日本歷史的一大謎團

戰國時代末期的天正十年（一五八二）六月一日深夜，一支經過這座國境碑前往京都的部隊，改變

山陰道旁山城國國境碑

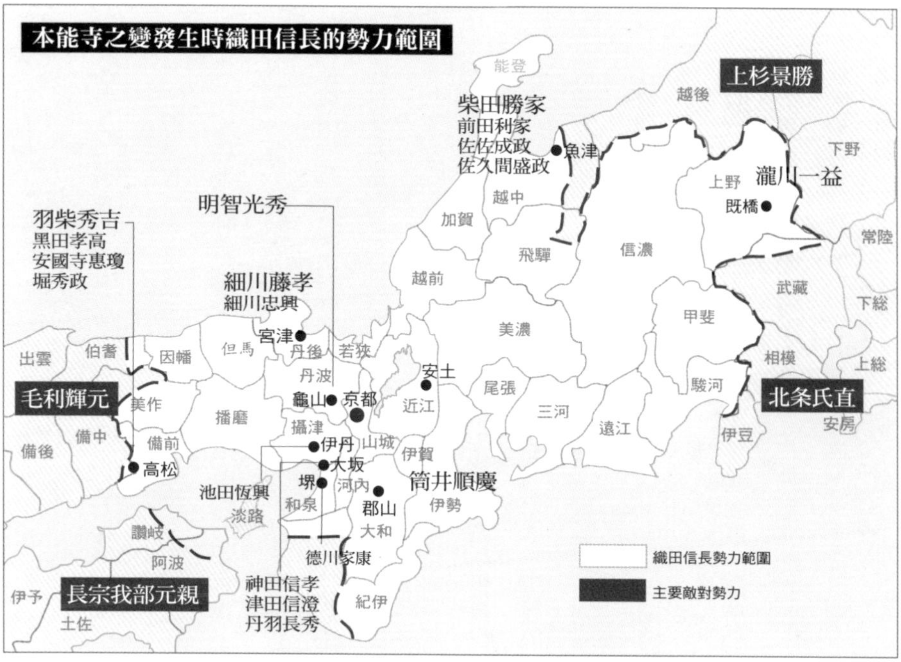

了戰國大勢。帶領這支部隊的是明智光秀，當時他心中深藏的秘密及複雜的心情，一直都是日本歷史上一大謎團。

明智光秀當時領著一萬三千名大軍由丹波國的龜山城出發，目的是前往備中國，支援在備中高松城與毛利輝元對戰的羽柴秀吉（豐臣秀吉）。大軍沿著山陰道越過老坂的國境碑，來到京都西邊的沓掛。照理部隊應該在此右轉，走西山街道往山崎再轉往備中。但此時明智光秀的部隊卻直向前走，渡過桂川，直奔京都，而他們的目標，竟是本能寺中的織田信長。

拂曉時，明智光秀大軍將本能寺團團圍住，織田信長由睡夢中驚醒。此時信長身邊只有侍衛百人左右，戰鬥不久，犧牲殆盡。信長在熊熊烈火中退入內室，切腹自殺。織田信長的長子信忠此時在妙覺寺，得知消息後，退入誠仁親王的御所，但不久也遭到明智大軍圍攻，於烈火中自殺。多年征戰，織田信長統一日本的大業在望，誰料得到一夕之間歷史從此改寫。

事變兩大主角

明智光秀原本是美濃國齋藤道三的家臣，道三在長良川之戰中戰死後，光秀投靠越前國的朝倉氏，但是一直不得志。永祿十一年（一五六八）轉而投入織田信長陣營，受信長重用，一五七二年比叡山燒討之役後被分封到近江國滋賀郡，在此地建立了坂本城。天正三年（一五七五），受賜姓「惟任」，官拜「日向守」，因此一般稱他為「惟任日向守」。天正七年（一五七九）光秀擊敗丹波國的波多野秀治後，又受封丹波領地，並被委以防衛京都的重任，可以支配京都附近各方將領，可謂位高權重。

明智光秀受封丹波時建了大本營龜山城，是發動本能寺之變的起點。這座城在江戶初期曾經重建，但到現在大部分區域早已湮沒，僅存一小片城牆，比較明顯的遺跡是城濠。城區現在屬於一個宗教團體，環境清幽，是個修行的場所。到龜山城的國外遊客很少，造訪龜岡市的遊客卻不少。很多國外遊客在遊過京都的嵐山後，常會乘坐浪漫小火車一覽保津峽風光，回程或搭船或再乘小火車。浪漫小火車的終點就在龜岡市郊，離當日明智光秀說服部將叛變的地方不遠。

龜山城城濠。明智光秀從龜山城出發，直取京都本能寺。

本能寺之變另一個主角織田信長，堪稱日本戰國時期最偉大的武士。天文三年（一五三四）出生於尾張國（今名古屋一帶）。父親死後，信長殺了親弟弟，統一了尾張國。永祿三年（一五六〇），在桶狹間之戰中，信長以絕對劣勢的三千人大敗東海第一大名今川義元的二萬五千大軍，一戰成名。永祿十年（一五六七）趁美濃國內亂併吞了美濃。永祿十一年（一五六八）進入京都，扶植足利義昭為室町幕府第十五代將軍。短短八年之間，織田信長從地方大名一躍成為主宰京都的最大勢力。

但是信長上洛也讓將軍足利義昭及其他戰國大名備感威脅，於是在足利義昭的號召下，二次組成包圍網，企圖消滅信長的勢力，但為信長一一瓦解。最後足利義昭被信長所廢，室町幕府正式滅亡。其他有力大名，武田信玄病死，武田家最後在長篠之戰中被信長所滅；上杉謙信病死，上杉家岌岌可危；向來為信長頭痛，領有越前的朝倉家及近江的淺井家也被信長所滅；占據大坂（今大阪）的本願寺教團被信長包圍，在正親町天皇的斡旋下，屈辱地退出大坂。

眼前的強敵一一倒下，在本能寺事變發生前，信

坂本城跡。比叡山燒討之後明智光秀在此建了坂本城。

長所掌控的區域東起上野（今群馬縣），西到備前（今岡山縣），包括當時日本最重要區域。剩下的敵人勢力大不如前，可以說，織田信長統一天下已指日可待。

恩怨糾葛？幕後黑手？

本能寺之變的原因儘管有許多說法，但有一些前因早已經埋伏其中，有跡可尋。

明智光秀與織田信長的性格迥異。光秀的個性據說「嚴謹敦厚」，是個秀才型將領。可能因為是源氏後裔（清和源氏後裔土岐一族的明智氏出身），政治理念也偏向尊重天皇。信長的個性則相去甚遠，他聰明絕頂，重實際，能屈能伸，但是性格冷酷、傲慢。

比叡山燒討一事最足以凸顯織田信長的性格。比叡山延曆寺是當時守護皇城的佛寺之一，自平安時代創寺以來高僧輩出，在當時日本的佛教界享有最崇高的地位。元龜二年（一五七一）九月十二日，為了剷除比叡山上反對他的僧眾勢力，信長下令封鎖比叡山，燒殺三天三夜。比叡山延曆寺重要的建築、佛像、經書付之一炬，僧人及信眾男女老幼三千多人被殺，佛教聖地頓成鬼域。

織田信長對待部屬只看能力而不重家世，卻以恐怖統治的手段管理部屬，因此背叛的部屬大有人在，而信長對反叛者的處置也極為殘酷。天正六年（一五七八），對石山本願寺的戰事正吃緊，信長相當器重的部屬荒木村重突然占據有岡城舉旗造反。有岡城被破後（當時村重已逃離），荒木村重家族七十多人全數遭到信長處斬。本能寺之變發生後，秀吉為牽制可能倒向光秀的將領，曾致函給這些將領，謊稱信長尚在人世，使這些部將不敢輕舉妄動，可見部屬對信長的恐懼。

明智光秀在信長陣營中雖然步步高升，成為總管防衛京都的方面大將，但也是處在伴君如伴虎的環境之下。信長對待光秀有時到了不顧顏面的地步，一五八二年討伐武田勝賴時，光秀因為失言惹惱了信長，據說信長竟叫侍臣森蘭丸用扇子敲光秀的頭。一個方面大將被侍臣敲頭，簡直是奇恥大辱。

天正八年（一五八〇），織田信長以能力不足放逐了追隨多年的老臣佐久間信盛，又以二十五年前曾經謀反放逐了大將林秀貞，其他還有數人也因不同的理由遭到放逐。對光秀而言，這是一項警訊，從信長平日對待他的態度，不無可能也會用一些理由放逐他。

最後的衝突點發生在安土城。

本能寺之變前夕的天正十年（一五八二）五月十五日，德川家康來訪，信長相當重視，特地在安土城設宴款待，命光秀負責接待事宜。不料在宴會中，不滿接待種種細節的信長竟當眾斥責光秀，免去他接待之責，命他前去支援正在備中作戰的羽柴秀吉，受秀吉節制。已經是負責近畿軍事的方面大將，竟然要受制於地位遠低於自己且出身微賤的秀吉，加上多年來累積的怨恨及不安，此時明智光秀已是忍無可忍。

明智光秀是否會因為和織田信長之間的恩怨而背叛？單單依光秀的主觀感受是可能的。但要對抗信長陣營的其他大將，明智光秀的聲望及實力顯然不足，因此應該還有其他的勢力在背後支持。一種說法是德川家康與明智光秀共謀，因為信長曾下令家康殺了元配妻子築山殿及嫡子信康。也有人懷疑羽柴秀吉，因為秀吉得知事變消息的時間及從備中回師的速度，實在快到讓人不得不懷疑他早就知道即將變天。

最近較受重視的說法則是「朝廷黑幕說」，也就是說，本能寺之變其實是朝廷策動的。

信長在進入京都後，與正親町天皇密切合作，結合信長的武力及天皇的威望，對付當時室町幕府的將軍足利義昭及近畿各大名。天正元年（一五七三）足利義昭被罷黜後，信長要求正親町天皇讓位，但天皇未答應。多年以後，天正九年，信長在京都進行盛大軍馬演練，據說也是要向正親町天皇施壓讓位。在信長的計畫中，希望正親町天皇讓位

左邊是京都御所東側空地，據推測是織田信長軍馬演練地點。圖右的建築是京都御所。

給皇長子誠仁親王，最終的目的則是要讓誠仁親王的第五王子邦慶親王即天皇位。邦慶親王何許人也？原來早就被信長納為養子。未來邦慶親王若成為天皇，再加上長子織田信忠就任征夷大將軍，信長本人就可以同時掌控天皇及幕府，地位從古至今無人能及。由於意識到信長的威脅，朝廷內部由近衛前久、勸修寺晴豐、吉田兼見等人秘密組成反信長同盟，最後遊說與信長有隙的光秀，發動本能寺之變。

右轉？直行？變天的一步

天正十年（一五八二）五月十七日，明智光秀接受信長前往備中支援秀吉作戰的命令後，憤憤不平地回到琵琶湖畔的坂本城。五月二十六日，再由坂本城出發到丹波龜山城。五月二十七日，為了祈求戰事順利，前往愛宕神社參拜。

愛宕神社位在京都西北的愛宕山上，古來以供奉能防火避火的神祇著稱。直到現在，京都人都還常常到愛宕神社求來「火廼要慎」符貼在家中，保佑居家免受火災的侵襲。

五月二十八日，連歌師里村紹巴來訪，光秀與眾人在愛宕五坊之一的西坊威德院舉行了一場連歌會。連歌會是當時社會名流之間以文會友的方式之一，參加的人輪流詠句，一則抒情，一則表現文才，相當受到歡迎。以儒將自居的光秀當然是個中老手。

在這場著名的連歌會中，光秀劈頭就詠出一句「ときは　今あめが下しる　五月哉」。這句話原本可以單純解釋，但是後來情勢演變，引起後世諸多解讀。句中「とき」發音與「土岐」相同，而光秀出身土岐，「とき」被解讀土岐出身的明智光秀。「今あめが下しる」中的「あめ」可以是「雨」，也可以是「天」，這句話因此被解讀為「支配天下」。於是，整句話就成了「五月，土岐出身的明智光秀要支配天下」。連歌抒情，多少反應了光秀天人交戰的心情。光秀有背叛織田信長的意念，但是是否已下定決心，不得而知。

此句一出，不知道有沒有引起在座眾人的疑慮，但是了解光秀當日處境及心情的人多少有不同的感受。無論如何，眾人興致似乎很好，於是一連詠了百句才結束，留下了著名的《愛宕百韻》。

五月二十九日，織田信長及織田信忠由大本營安土城移往京都本能寺，為支援備中作戰做準備。事

變發生前一天的六月一日，信長接見了公家及部屬，晚上還舉辦茶宴。會後就寢，完全不知在此同時，明智光秀正大舉調動部隊，往京都本能寺而來。

明智光秀的一萬三千名大軍在龜山城附近的柴野（今龜岡市野条）集結，準備出發。光秀召集軍中五名將領，告知叛變的決心。可以想見當時五人非常驚訝，因為失意歸失意，叛變一事是何等重大啊！雖然如此，但也許是真心追隨，也許是騎虎難下，五人最後都表明支持光秀的計畫。

當時從龜山城往備中最短的道路，應該是向西走三草越，翻過三草山，下到姫路城，再往西行。但是當時明智大軍行進方向是往京都，軍隊中不免起疑。由於背叛主君茲事體大，為了防止中途有變，

山陰舊道沓掛。往右是西山街道，可以到備中，往前則是京都。過了這裡，就回不了頭了。

據說光秀早先曾對軍中發布消息：「信長要檢閱往備中的軍隊。」但是知道這個理由可能只是說服一些軍官，至於一般士兵，可能完全矇在鼓裡。據一名下級士兵事後回憶，其實大部分士兵並不知道攻擊的目標是織田信長。在他追隨長官攻入本能寺時，也還不知道這地方就是本能寺，而且要殺的就是織田信長，他一直以為是德川家康。

六月一日深夜，明智大軍兵分二路（一說三路），一路走唐櫃越，從嵯峨嵐山一帶下山。另一路由光秀領軍走山陰道，越老坂，過山城國國境碑，往京都前進。部隊在抵達沓掛後稍事休息。

到達沓掛時，想必光秀心情複雜，因為已經到了最後決定的關頭。如果此時部隊改變方向，右轉走西山街道，一場可能的叛變就此解除。出了沓掛，

叛變與否昭然若揭，無法再回頭了。

結果，明智光秀的部隊再度啟程時，完全沒有右轉走西山街道的跡象，直直朝京都的方向前進。光秀並派出先發部隊前往京都，除偵察外，只要有人有往本能寺通風報信的嫌疑，一律斬殺。據說當時東寺附近已有農民早起耕種，見先發部隊前來，嚇得四散奔逃，結果有三十多人不明不白的被殺。

六月二日天未明時，大軍走到桂川。光秀發布戰鬥命令，慷慨激昂地訓示部隊：「敵人在本能寺！」正式吹響起兵叛變的號角。

渡過桂川後，明智軍沿著七条大路前進，由丹波口進入京都，並次第在各路口轉向，往北直奔織田信長駐紮的本能寺。黎明時，大軍將本能寺團團圍住，展開攻擊。

「我看到的是明智的人」

當時本能寺的範圍東起西洞院大路，西至油小路，北起六角小路，南至錦小路，長約二百八十

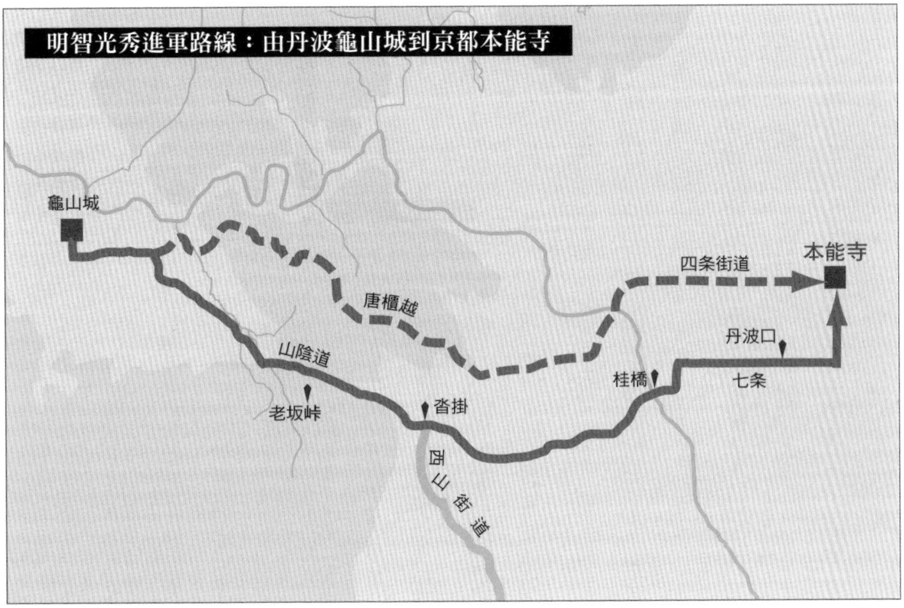

米，寬約一百四十米，寺外圍有土堤及護城小河，防禦工事不算完備。

織田信長雖然控制了日本核心區域的大部分地區，但部將大多在遠離京都的地方征戰：羽柴秀吉在備中對付毛利軍，柴田勝家在越前對付上杉景勝，丹羽長秀及織田信孝在大坂附近準備征討四國的長宗我部元親，盟友德川家康僅帶近衛十數人在大坂附近遊山玩水。信長此時身邊也只有近衛一百多人，京都附近的防衛還是要靠他的部將。偏偏叛變的，就是負責防衛京都的明智光秀。

信長侍衛不多，且防備鬆散，明智軍幾乎沒遭到阻礙就進入本能寺內。織田信長的居所在本能寺東北方的本殿，明智軍進入後立即遭到圍攻。睡夢中的信長突然被外面的聲音吵醒。剛開始以為是部下鬥毆，後來聽到了鐵炮聲才開始警覺是叛變。

信長問身邊的侍衛森蘭丸：「是什麼人？」

森蘭丸回答：「我看到的是明智的人。」

「沒辦法了……」信長無奈地低語，隨即起身應戰。

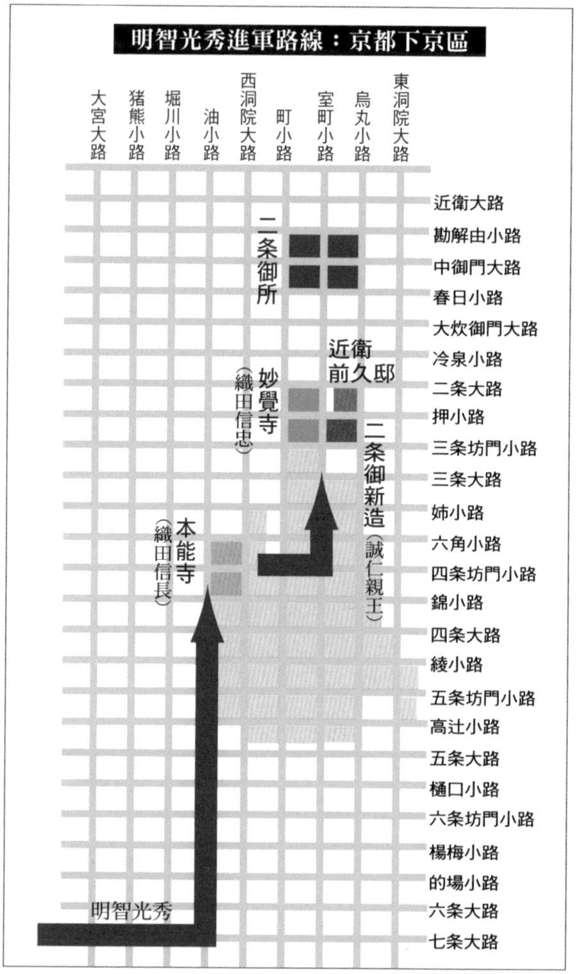

在此同時，信長的侍衛與衝入本能寺的大隊人馬已經在本殿前展開激戰，但是敵眾我寡，戰鬥不久就犧牲殆盡。信長剛開始以弓箭應戰，放了兩三箭後弓弦斷裂，於是棄弓取長槍應戰，但是肘部被敵人的火槍擊傷。信長知道勢已不可為，不願落入敵手受辱，於是在近侍的護衛之下退入本殿的內室，關起門，在熊熊烈火中切腹自殺。戰國時代最偉大的武士就這樣結束一生，得年四十九。（註：本段取自《信長公記》，是信長的史官太田牛一後來訪談逃出本能寺的女侍所得。）

信長的長子信忠當時住在不遠處的妙覺寺（今押小路室町小路附近），事變發生不久就得到消息。信忠遠遠看到本能寺陷入大火中，加上本身兵力不足，已經無法趕往本能寺救援。有部屬建議退回信長的大本營安土城，但是信忠擔心明智軍會在中途埋伏（實際上沒有），於是就近退入誠仁親王（當時最有可能接任天皇的人選）的二条御所（二条御新造，妙覺寺旁）。誠仁親王御所不久也為明智軍團團圍住，但親王一家還在御所內，明智軍一時不敢進攻。等誠仁親王一家退出後，明智軍立刻展開總攻擊。

誠仁親王御所的戰事非常慘烈。明智軍雖然人數上占優勢，但信忠等人知道結果就是一死，反而異常英勇。明智軍數度衝入御所內，但一再被擊退，犧牲慘重，到最後才把信忠等人逼到本殿之中，卻依然無法突破最後的防線。最後有人爬上隔壁太政

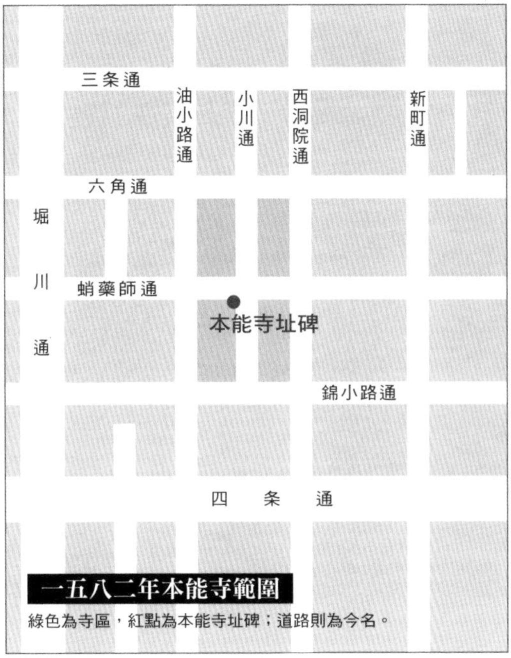

一五八二年本能寺範圍

綠色為寺區，紅點為本能寺址碑；道路則為今名。

大臣近衛前久宅邸的屋頂，由上向下以火槍弓箭攻擊，御所本殿著火，信忠方人員這才一個一個倒下。信忠最後在本殿中與近臣數人切腹自殺，遺體消失於大火之中。

四百年後，我開始接觸本能寺舊址的資料。除了是本能寺之變的現場外，我更有興趣的是，當日燒殺慘烈，不知現在狀況如何？結果赫然發現除了滿是民居外，有一片土地竟是小學用地（本能小學），當下五味雜陳：「小朋友似乎不應該在這種環境中求學吧！」

京都人不知道如何看待這種事？不過京都建城一千二百年，要在城中找到那種發生過慘烈大事的地方，似乎不是什麼難事，池田屋是一例，鴨川也是一例。看來京都人自有一番因應之道，否則也不會那麼堅持守住這塊土地，不會以身為京都人為榮。本能小學在一九九二年因為學區整併而廢校，原址改建成老人養護所及高中用地。當年我造訪此地時，還看到小學生在操場上玩耍。

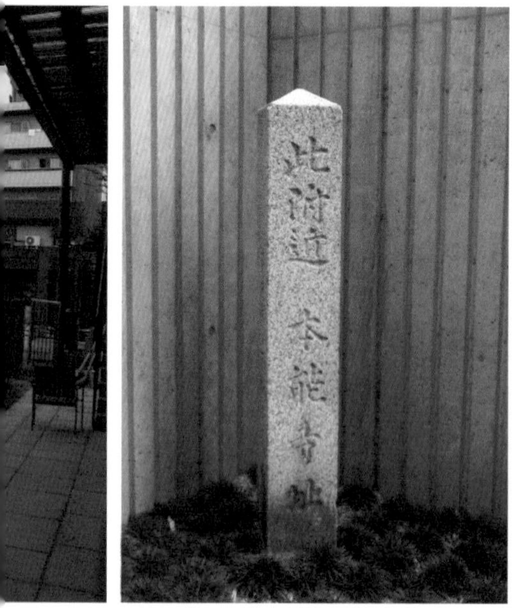

本能寺舊址。石碑立於蛸藥師通小川通交叉口。

諸將動向與山崎之戰

信長的各個部將及盟友在不同的時間得知事變的消息。德川家康在六月二日當天由商人茶屋四郎次郎告知本能寺巨變之事，當時一行人正前往京都，因為勢單力薄，無可作為，於是緊急逃回大本營三河。柴田勝家到六月七日才得到消息，回師到近江（琵琶湖周邊）時已經是六月十八日，山崎之戰結束多日，大勢早已底定。瀧川一益在六月九日得到消息後，不但無法立刻回師，還在對抗北条軍的戰事中吃了敗仗，狼狽地逃回。

明智光秀趁信長諸將混亂之際，在數日之內平定了京都及近江附近區域。對內頻頻與朝廷往來，對外則試圖聯合反信長之勢力以鞏固戰果。六月五日，光秀進入信長大本營安土城。七日在安土城接見勒使吉田兼見，兼見轉達了誠仁親王希望光秀治理京都的意思。八日光秀再度與朝廷的來使會面。六月九日，光秀進入京都，受到公家及平民歡迎。

織田信忠在今日的二条御新造（舊二条殿池）遇難。

舊本能寺內的空地，讓人產生無限想像。

光秀似已取得有利的位置，得以取代信長。但在這幾天，遠在備中作戰的羽柴秀吉卻迅速回師，進逼京都。

山崎（今京都府乙訓郡大山崎町）位在京都盆地西南方的缺口，古來便是從大坂進出京都的門戶，即使到了今日，大部分由關西機場往京都的旅人也都會經過。山崎西北臨天王山，東臨淀川，在淀川對岸則是男山。在戰國時代，山崎北方還有一處永荒沼，進出之路更是狹窄。

本能寺之變發生時，羽柴秀吉（後來的豐臣秀吉）正在備中高松城與毛利輝元的大軍對峙，事變發生後第二天的六月三日夜就得到消息。秀吉當機立斷，與毛利軍談和。六月六日，確定毛利軍已撤軍後，立刻由備中急行回師，六天內急行二百三十多公里，十二日時就回到京都西南方的山崎。這一段著名的急行軍後世稱為「中國大返卻」，是之後山崎決戰勝負的重要關鍵。

明智光秀雖然得到皇室方面的支持，但是一萬三

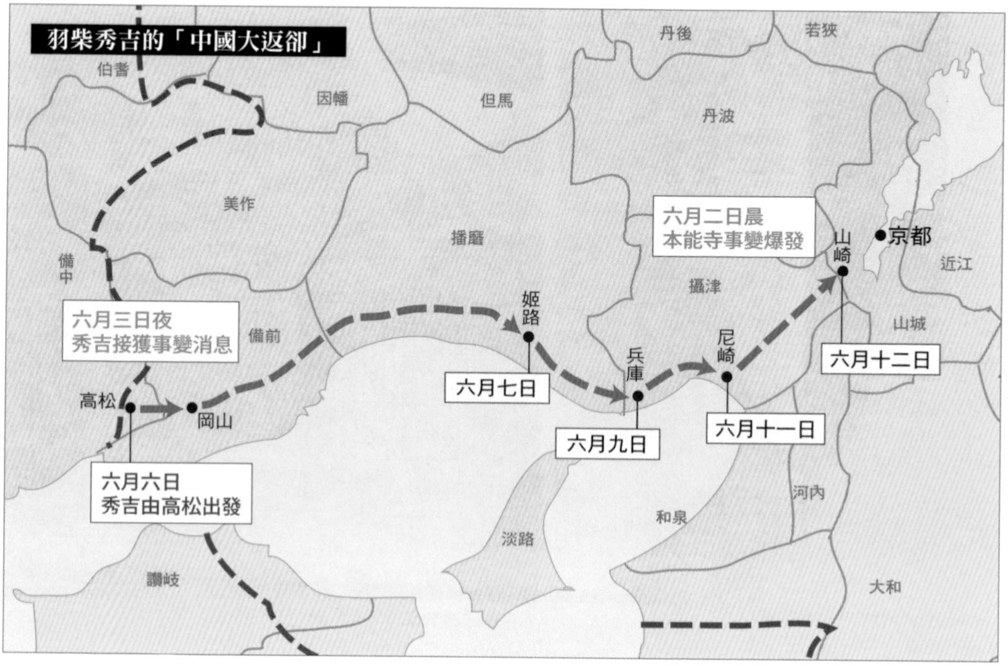

千名兵力仍然不足，必須聯合反信長的勢力與關係深厚的大名之助才能成事。除了事變之後收服的近江一帶軍力外，駐紮在丹後宮津的細川藤孝、忠興父子，以及駐紮在南方大和國郡山的筒井順慶，素來與明智光秀關係密切，是光秀最希望拉攏的兩支軍隊。

細川藤孝與明智光秀在織田信長上洛時即開始結成親密的同盟，之後兩人合力平定丹波及丹後，藤孝之子忠興還是明智光秀的女婿。筒井順慶則與明智光秀私交甚篤，順慶在大和國與松永久秀爭戰時，因為光秀之助奪回了被松永久秀占據的土地；明智光秀可算是筒井順慶的恩人。

但是事變之後，細川藤孝立刻剃度出家，並將家督之位讓給細川忠興，忠興將妻子（明智光秀女兒）軟禁，一連串動作堅定地表示反對明智光秀的行為。而在事變之前原本正往京都途中的筒井順慶，得知消息後立刻退回郡山城。對要不要支持光秀猶豫不決的順慶，最後還是沒有理會光秀屢屢催請，保持中立。光秀在在洞峠（今京都府八幡市）苦等筒井順慶數日，此時羽柴軍已經迅速回到尼崎，明智光秀大驚，不得不認清事實，急忙移防布陣。至此，明智光秀聯合細川及筒井二軍的大戰略已經失敗，他必須獨力作戰。

天王山，山如其名。

六月十一日早，羽柴軍抵達尼崎。明智軍兵力約一萬五千人，在淀城及勝龍寺城布陣。十二日，明智光秀軍布陣完成，羽柴軍進入富田，又有池田恆興、中川清秀、高山重友等部隊加入。羽柴秀吉命高山重友及中川清秀為先發部隊，

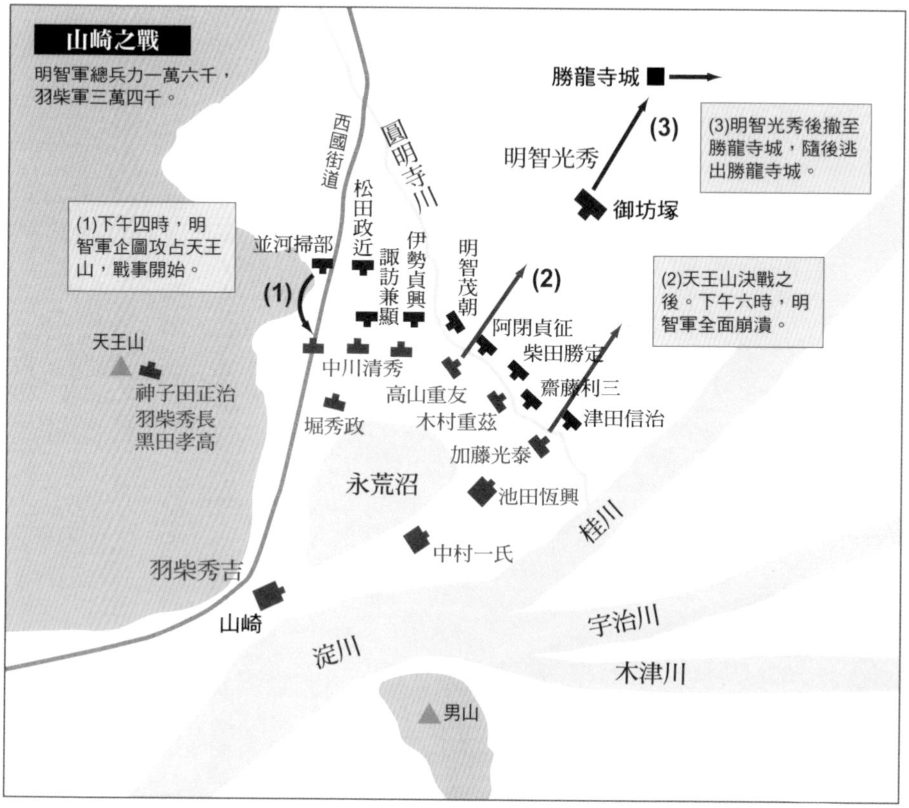

重友占領山崎，清秀則占據天王山。

山崎雖然位在天王山及男山之間，但男山隔著淀川，對山崎的影響大減，天王山於是成為控制山崎的最佳位置。明智光秀未嘗沒想到天王山，卻慢了一步。

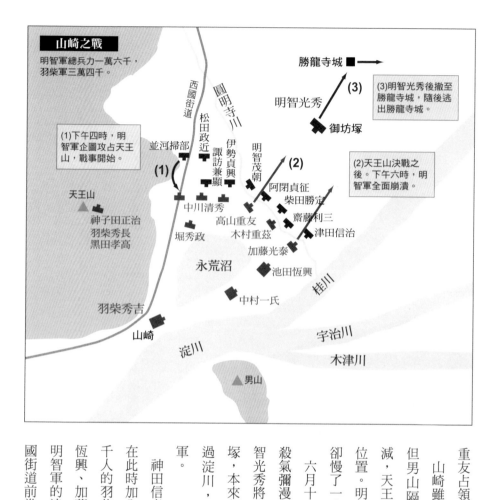

六月十三日，陰雨綿綿，山崎一帶殺氣彌漫，兩軍對峙，一觸即發。明智光秀將本陣由勝龍寺城南移至御坊塚，本來部署在淀城方面的軍隊則渡過淀川，要在川西岸全力迎擊羽柴軍。

神田信孝（織田信孝）及丹羽長秀在此時加入羽柴軍，總兵力達三萬六千人的羽柴軍分三路前進，右翼池田恆興、加藤光泰沿淀川西岸前進（與明智軍的津田信春對陣），中路沿西國街道前進，高山重友與明智軍中路對陣，中川清秀在天王山東，左翼羽柴秀長、黑田孝高等占領天王山。

下午四時，明智軍發動攻勢，大戰爆發。明智軍的松田政近、並河易家等搶攻天王山，希望利用天王山的高地勢進攻此時在山下的中川清秀部隊，以破壞羽柴軍主力的陣勢。雙方在天王山東北激烈廝殺，最後明智軍被擊退，羽柴軍牢牢地占領天王山。中川部隊無後顧之憂，與高山重友等主力部隊直衝明智軍。

在淀川西岸，池田恆興、加藤光泰藉著人數的優勢，擊潰明智軍左翼的津田信春，接著越過圓明寺川，明智軍本陣側翼完全崩潰。戰鬥不過兩個小

男山上的石清水八幡宮，奉祀源氏一族氏神，僅次於伊勢神宮，為日本第二宗廟。

淀城城跡。淀城為淀川中之軍事重地，明智軍左翼最初布陣於此，決戰之前緊急渡過淀川。

勝龍寺城，山崎之戰明智光秀大本營。

時，勝負已決，明智軍大敗。

明智光秀在敗陣後退往勝龍寺城，準備重整隊形，重新再戰。但主將黑夜後撤，士兵以為是要逃難，根本無法集結。明智光秀見勢不可為，趁黑夜只帶隨從數人逃出勝龍寺城，準備前往坂本城與明智秀滿會合。不料中途在伏見的小栗栖遭農兵襲擊。光秀身受重傷，已無法騎馬，絕望之下，由近臣溝尾勝兵衛介錯自殺。

六月十四日，鎮守安土城的明智秀滿離開安土城，進入坂本城。十五日晨，安土城火燒，織田信長一生夢想建立的安土城，至此付之一炬。同日，秀吉軍的崛秀政圍攻坂本城，秀滿自殺。

從明智光秀發動本能寺之變，到明智光秀自殺，不過十三天，而整個事件完全結束，前後不過十五天，明智光秀的叛變因此被後世稱為「三日天下」。

旅人見識

明智藪

雖然明智光秀在本能寺之變是叛將的角色，但是我對明智光秀的興趣卻超過事件中的其他人。可能是因為本能寺之變原因至今未解，隨著光秀命喪小栗栖明智藪，永遠成了一個謎。

到達明智藪時已近黃昏。前前後後繞過一遍後，天色漸暗。雖然時間還沒到，但是腦中開始浮現當夜明智光秀傷重自殺的景象。想到一半，一旁的燈光忽然亮了起來，把我從事發現場拉回現實之中。

明智藪雖然地處偏僻，旁邊還是有住家。原來是夜燈感應有人接近，突然打開，照亮了整個明智藪。

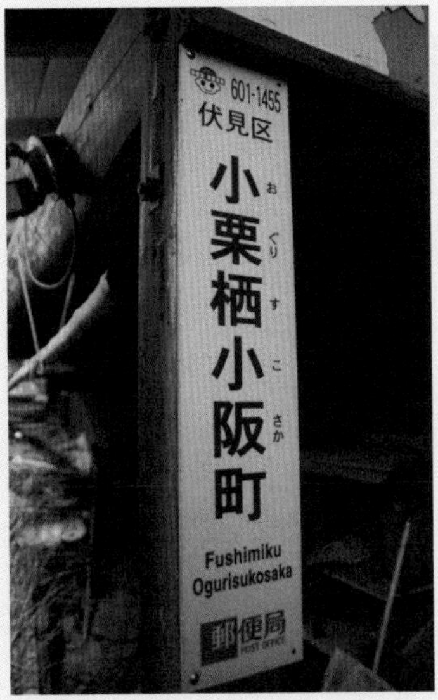

明智藪在伏見區小栗栖小阪町。

「三日天下」之後

事變之後，織田信長及信忠的遺體毀於大火，無處可尋。羽柴秀吉在京都大德寺為他們舉行盛大的祭典，供奉於總見院。事變發生地本能寺已殘破不堪，之後雖再建，但秀吉在京都大改造時，將本能寺移至現今寺町通及御池通交界附近。寺中建有信長公廟，供奉織田信長。本能寺之變中遇難的織田方軍士，包括織田信忠、森蘭丸等人，也一起奉祀於信長公廟旁。

明智光秀雖然因為本能寺之變背負了反叛主君的罪名，歷史卻沒有給他太多苛責，因為個人的修養及治績，在他的家鄉甚至還有許多擁護者。光秀死於明智藪，但首級去處沒有定論，後世出現不同的傳說。最有名的說法是，光秀並未死，而是以僧人天海之名投靠德川家康，成為家康倚重的左右手，是德川家控制宗教界的主要人物。這種傳說與源義經死後北行至蒙古成了成吉思汗有異曲同工之妙，可見有些人對光秀的心思。也有傳說光秀的首級被人從明智藪挖出，最後被埋在京都三条通及白川附近。有人在此建了一座小廟，隨著時代演變及都市發展，小廟漸漸融入當地居民的生活之中，看起來像是鄉間的土地公廟。

羽柴秀吉為主君復仇後，取得了主控權。在事變之後的一年內，憑藉靈活的手腕接收了織田信長留下來的勢力，成為各方共主，之後並完成主君信長的夢想，統一日本。事變後十六年（一五九八），豐臣秀吉去世。再十七年（一六一五）後德川家康在大坂夏之陣滅了豐臣家，開啟二百七十多年的德川幕府時代。

關鍵二十四小時

本能寺之變是日本戰國時期最具關鍵性的轉折點。當時日本重要地區大部分已經在信長的掌握之中，若非本能寺之變，織田信長勢將成為日本共主，後來就不會有豐臣秀吉稱霸，也不會有兩百多

本能寺的木碑上寫滿了事件遇難者名字。

本能寺中的信長公廟。

明智藪，明智光秀絕命之處。

明智光秀首塚，在三条通白川附近民宅之間。

年的德川幕府。更重要的是，本能寺之變也使得天皇血脈得以持續。日本天皇號稱「萬世一系」，自有史記載以來，天皇制度延續至今不墜，天皇血統也一直未斷，所有的天皇都是同一家人，在世界史上可謂奇蹟。若不是本能寺之變，織田家將取代天皇家，日本也會走上一條不同的路。

旅人隨想

山陰舊道

造訪山陰舊道是數次旅程中唯一次覺得生命有危險的經驗。

到山陰舊道必須在京都車站搭往龜岡的巴士，在老坂峠站下車，車程大約五十分鐘。老坂峠地處山間，下車後，唯一一條人行道是回頭往西山靈園。人生路不熟，只好在隧道及呼嘯的汽車之間來回穿梭，最後總算回頭在站牌不遠處找到入口。行走至此，不但氣喘吁吁，而且屢次經過車道已經有點緊張了。

山陰舊道有段路是所謂「京都自然二百選」之一。風景雖好，但破舊無人居住的房舍也不少，開始讓人產生一些聯想。循著道路走，最後終於找到山城國國境碑。

山城國國境碑左方不遠處，是日本三大妖怪之一酒吞童子埋首之地「首塚」。國境碑右方則是條小路，路旁有一些類似工寮的房舍，但路口已被封閉，不能通行。在路口看著工寮，考慮要不要進去。看著看著，突然有個想法：此地杳無人煙，看來是個殺人埋屍的好地方。工寮內若有不法之徒，難保不會衝出來對我不利。想到這裡，心頭一陣冷戰。

之後在國境碑前後逛逛、參觀首塚大明神，最後由另一條路退出山陰舊道。直到到公車站牌之前，一直處在恐懼的狀態中。

不道知是自己心理作祟，還是酒吞童子的影響？

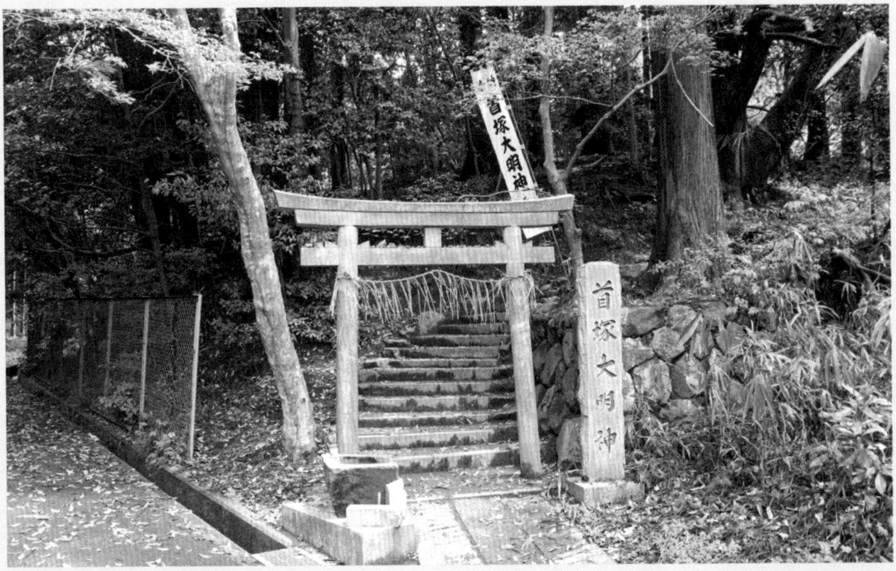

荒山小徑旁的首塚大明神。

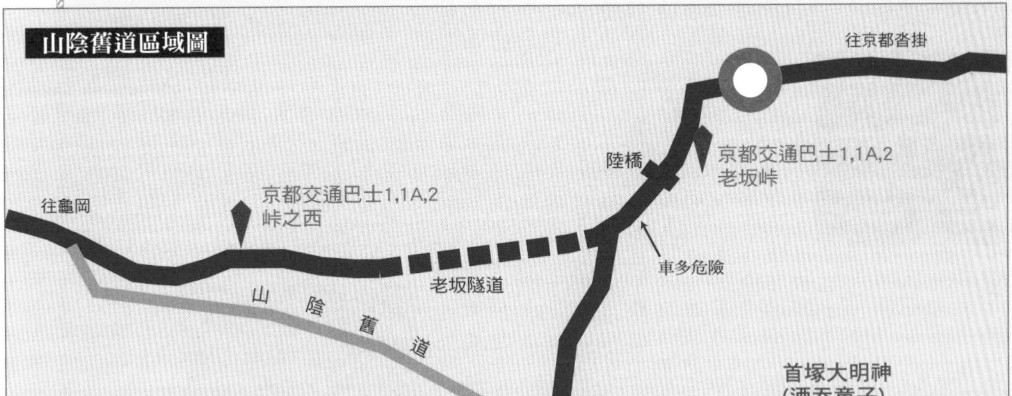
(酒吞童子)
地處偏僻，宜結伴而行
國境碑

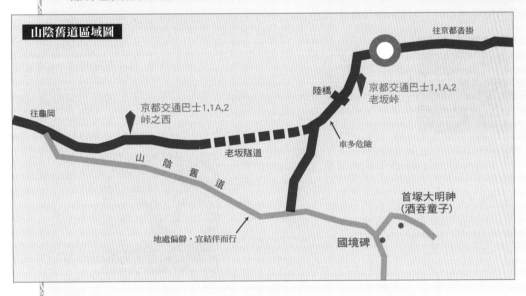

本能寺之變事件簿

天正十年（一五八二）

日期	事件
五月十四日	明智光秀受織田信長之命接待德川家康。
五月十七日	織田信長免除明智光秀接待德川家康的任務。光秀回到坂本城。
五月廿六日	明智光秀由坂本城出發入丹波國龜山城。
五月廿七日	明智光秀前往愛宕山參拜。
五月廿八日	明智光秀在愛宕神社威德院與眾人詠連歌百句。
五月廿九日	織田信長、信忠由安土城出發至京都。信長入本能寺，信忠入妙覺寺。
六月一日	夜，明智光秀一萬三千人由龜山城出發。
六月二日	明智光秀襲擊本能寺，織田信長、信忠父子身亡。
	明智光秀進軍安土城。途中因為織田軍山岡景隆毀瀨田唐橋，明智軍退回坂本城。
	德川家康得知事變消息。
六月三日	夜，秀吉得知事變消息。
六月四日	明智軍平定近江。
	羽柴秀吉與毛利軍談和。
	德川家康回到領地三河。
六月五日	瀨田唐橋修復，明智軍入安土城。

織田信長。

織田信忠。一念之誤，斷送生機。

六月六日	羽柴秀吉由備中出發，返回京都。
六月七日	羽柴秀吉入姬路城。 吉田兼見在安土城與明智光秀會談，轉達誠仁親王委託光秀治理京都之意。
六月八日	明智光秀回坂本城。
六月九日	明智光秀入京都，與吉田兼見等公家會談。
六月十日	明智光秀至洞峠，向筒井順慶請求支援。
六月十一日	羽柴秀吉到達尼崎。
六月十二日	羽柴秀吉到達山崎。
六月十三日	山崎之戰，明智軍敗。 夜，明智光秀退出勝龍城寺。在前往安土城途中，死於小栗栖。
六月十四日	明智秀滿離開安土城。
六月十五日	安土城毀於火燒。 坂本城破，明智秀滿自殺。
六月十六日	明智光秀被曝屍於本能寺，家臣齋藤利三等人於京都六条河原被殺。
六月廿七日	清洲會議，決定織田信長繼承人及領地分配問題。

明智光秀。

山陰舊道山城國國境碑	京都府龜岡市篠王子町（巴士老ノ坂峠站下南行南側小路入）
龜山城跡	京都府龜岡市荒塚町（ＪＲ山陰本線龜岡站下車南行2分鐘）
坂本城跡	滋賀縣大津市下坂本3丁目
舊本能寺	京都市中京區元本能寺町、元本能寺南町
「此附近　本能寺址」碑	京都市中京區元本能寺町、元本能寺南町（蛸藥師通小川通西南角）
舊妙覺寺	京都市中京區上妙覺寺町、下妙覺寺町
二条御所（二条御新造）	京都市中京區金吹町
天王山	京都府乙訓郡大山崎町（阪急京都線大山崎站、ＪＲ東海道本線山崎站）
洞峠	大阪府枚方市長尾峠町
勝龍寺城	京都府長岡京市勝龍寺地區（ＪＲ東海道本線長岡京站南行15分鐘）
男山石清水八幡宮	京都府八幡市八幡高坊30（京阪本線八幡市站）
淀城城跡	京都市伏見區淀本町（京阪本線淀站旁）
明智藪	京都市伏見區小栗栖小坂町31旁
本能寺	京都市中京區寺町通御池下ル下本能寺前町522（地下鐵東西線京都市役所前站2號出口）
明智光秀首塚	京都市東山區白川通三条下ル東側（地下鐵東西線東山站）
安土城跡	滋賀縣浦生郡安土町（ＪＲ東海道本線安土站北行20分鐘）
愛宕神社	京都市右京區嵯峨愛宕町
備中高松城	岡山縣岡山市北區高松

比叡山燒討

第六天魔王織田信長的滅佛之火

靜謐祥和的比叡山，
已看不出曾為京畿經濟重鎮的面貌、
四百年前那場災難的痕跡。
為何織田信長非得徹底毀滅
日本佛教母山？
這是戰國大名統一天下的必要之惡？
還是佛與第六天魔王的再一次交手？

時光已沖刷掉比叡山當年的殺戮痕跡。

坂本位在琵琶湖西岸，京阪電鐵石山坂本線末端。從大津市乘車，沿著琵琶湖岸北行，美麗湖景、古樸房舍，加上乘客不多的車廂，一路輕鬆愜意。不必擔心過站，車最後會緩緩停入坂本。出了坂本站，不知為何總是見不到什麼人。雨後空氣尤其清新，附著青苔的岩石是這裡的特色。沿著站前道路往山上走，不久在右邊會看到著名的日吉大社。往左走，則會到比叡山纜車坂本站。搭著纜車上山，一下子就進入森林中。因為坡度太陡了，一路上都讓人擔心纜車是否會往後滑落山下。到達終站時，可以在纜車車站屋頂觀賞琵琶湖景色。天氣晴朗時，琵琶湖

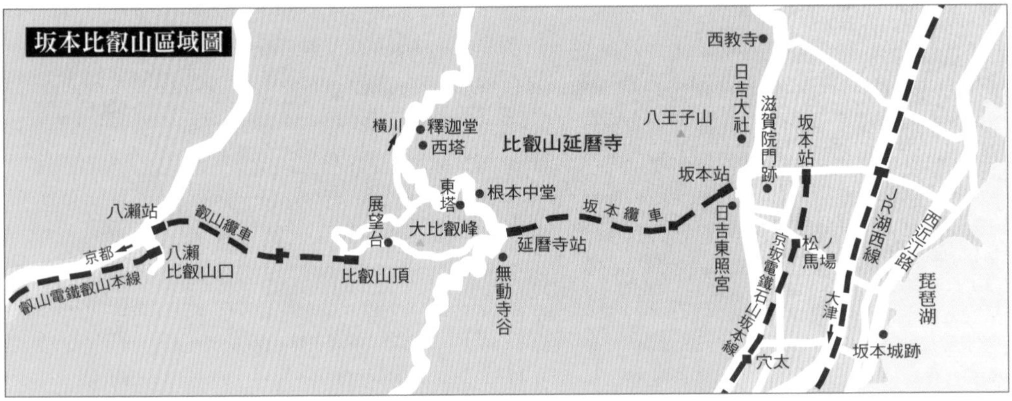

上往來船隻的動向一目瞭然。往目的地走，不久，根本中堂、文殊樓、戒壇院、東塔，比叡山延曆寺重要的古蹟紛紛出現林中。雲霧稍起，更讓人感受到這座千年大寺的靈氣。

正緩步享受山林之美時，國寶殿旁一座小土堆突然出現眼前，把人帶回到四百多年前，那場佛滅佛生的劫難之中。

御賜天皇年號為寺名的佛教母山

延曆寺自古以來就是就京都附近一級大寺，創寺時間幾乎與京都建城同時。

延曆七年（七八八），原本在奈良東大寺受戒的最澄（七六

七〜八二二），因為看不慣南都佛教的作為，離開奈良，轉而在比叡山建草庵「一乘止觀院」（「根本中堂」前身）供奉藥師如來，做為山林修行之所。

站在京都市內高點上往東北方看，就可以清楚地看到比叡山。

東北方為艮位，是風水學上的「鬼門」，妖魔鬼怪進入的方位。延曆十三年（七九四）遷都平安京的桓武天皇為抑止鬼怪作亂，指定最澄的一乘止觀院為王城守護之道場，並一路給予支持。延曆十六年，一乘止觀院獲得官寺的地位。二十三年，最澄隨遣唐使入唐，隔年回日本。二十五年，「天台宗」開宗，最澄成為天台宗的開山祖。

當時京都一帶可以授戒的寺院只有奈良東大寺。授戒其實就是國家僧侶的認證，能授戒就能自行培養僧侶，關係到是否能成為不受南都佛教約束的獨立宗派。最澄一再爭取在比叡山設立戒壇院，但受到奈良南都佛教的反對，始終無法成功。直到弘文

延曆寺戒壇院，延曆寺獨立於南都佛教的象徵。

十三年（八二二）六月四日，最澄入寂，嵯峨天皇才在七日後准許設立大乘戒壇。第二年，嵯峨天皇再度御賜「延曆寺」為寺名。以桓武天皇的年號為寺名，可說是對最澄的最大敬意。

延曆寺此後得以自行培養僧侶，後代高僧輩出，開創了許多日本佛教界的重要門派，包括：

◈良忍：融通念佛宗開祖。

◈法然：淨土宗開祖。在京都的重要寺院有金戒光明寺、知恩寺、知恩院、永觀堂等。

◈榮西：臨濟宗開祖。在京都的重要寺院有南禪寺、東福寺、金閣寺、銀閣寺、大德寺、天龍寺等。

◈親鸞：淨土真宗開祖。在京都的重要寺院有東本願寺、西本願寺、興正寺、養源院等。

◈道元：曹洞宗開祖。在京都的重要寺院有詩仙堂、源光庵、興聖寺等。

◈日蓮：日蓮宗開祖。在京都的重要寺院有本能寺、本法寺、光悅寺、常照寺、常寂光寺等。

天台宗本身在京都的重要寺院有延曆寺、真如堂、三十三間堂、三千院、曼殊院等。

這些與比叡山相關的門派，幾乎包括了京都所有最重要的寺院，分寺廣布日本各地。比叡山因此被稱為「日本佛教母山」，在日本佛教及人民心中的地位無出其右者。

是僧人，更是商人

延曆寺除了在佛教中有傲人的地位，「入世」的腳步也不落人後，最具體的表現就是商業活動及強大的僧兵集團。

日本自大化革新以來，在律令制之下，全國所有土地都屬於國有，人民沒有自己的土地。政府分配土地給農民，農民再以所得繳納稅金。但是到了天平十五年（七四三）實施「墾田永年私財法」後，開始容許土地永久私有。有力農民徵召人力開墾新的農地，變成私人土地，形成所謂的「莊園」。

初期的莊園必須向朝廷納稅，但後來在藤原氏的

從京都船岡山上遠望比叡山。

延曆寺大講堂與鐘樓。

推動下，朝廷允許藤原氏及大寺院的領地不用納稅。隨著這種莊園的擴大，其他農民須繳納的稅愈來愈重。

許多農民為了逃稅，以「寄進」（捐獻給寺院）的名義將農地捐給寺院，寺院再將這些土地委託原來的農民管理耕種。因為是寺院領地，不必繳稅，農民只要付出遠低於朝廷稅金的金錢或實物給寺院就可以了，因此省下了大筆稅金。

利用這種寄進的方法，以及本身的開拓、購買，許多寺院在各地都有大量的領地。擁有廣大信徒的延曆寺更是領地最多的寺院之一，每年由各地寺領運送到比叡山的金錢及貢品，數量之多，往往讓比叡山下的坂本（今滋賀縣大津市坂本地區）為之阻塞。

在累積財富的同時，有頭腦的僧人開始經營起「土倉」。

所謂土倉是從鎌倉時代到室町時代，以高利貸為業的金融業者。因為借款需要抵押品，業者於是建

根本中堂。任何角度都難以一窺全貌。

倉庫存放抵押品。這些倉庫的牆以土塗之，所以稱之為土倉。京都大部分土倉與比叡山關係深厚，全盛時期估計有八成以上是延曆寺或旗下的寺社經營的。比叡山經由土倉事業獲取更大的利益。

不但如此，延曆寺還在近江一帶的運輸業中扮演重要的角色。不但經營坂本及京都之間的「馬借」（以馬隊為工具的運輸業者），還向在坂本停靠的船舶收取關費。雖然是寺院，比叡山延曆寺經營生意的手法可不輸給一般商業組織。

一直到明德四年（一三九三），室町幕府發布命令，要求土倉向幕府納稅，並否定寺社對土倉的支配權，才讓延曆寺喪失了經營土倉所得的利益。但是延曆寺透過信徒捐款、寺領所得，以及土倉、馬借生意等，歷代累積了驚人的財富，成為近畿一帶的經濟強權。

與比叡山同時興盛的，還有山下的坂本及日吉大社。

位於琵琶湖邊的坂本，逐漸成為延曆寺的門前町

1-延曆寺文殊樓。

2-日吉大社西本宮。

3-坂本日吉大社參道的石垣，是當地一大特色。

4-日吉大社東本宮。

5-日吉大社山王鳥居。

4	3	1
5		2

日吉大社

（寺廟門前或附近因為提供寺廟及信徒生活所需而繁榮起來的城鎮）。延曆寺在全國各地的領地所收到的米糧物資，都會先集中到這裡再運到山上或京都及其他地方，坂本也因此成為琵琶湖畔重要的貨物集散地，運輸業及批發業相當發達。此外，比叡山上生活所需也由坂本供應。全國延曆寺及日吉大社的信徒前來參拜時，也會住宿在坂本，到日吉神社參拜後再登上比叡山。中世紀時，日吉大社以東到琵琶湖岸，林立著延曆寺所屬的機構。整個坂本地區戶數超過三千，是個繁榮的商業城市。

日吉大社的山王神輿，困擾朝廷數百年。

建於比叡山下的日吉大社原本是當地地主神。一乘止觀院建寺時，最澄以日吉大社主神為守護神，使得日吉大社同樣受到各方尊敬，歷代天皇曾多次行幸日吉大社。桓武天皇將神輿賜給日吉大社，沒想到後來卻成為京都方面頭痛的問題。

是僧人，更是軍人

隨著信徒的增加，延曆寺財富日漸豐厚，領地也逐漸擴大。為了保衛寺院的領地及財富，延曆寺不得不建立武力，以防外人侵犯。原來可能只是寺內的僧徒、勞役或信徒，或者是領地內的農民，經過組織訓練後，變成了一支強悍的僧兵集團。

當時比叡山延曆寺並不是唯一擁有僧兵的寺院。稍具規模的寺院幾乎都必須自備兵力，保護財產。他們要對付的，不只是盜賊，還有來自其他寺院、甚至是朝廷的壓力。

除了比叡山，最有名的當屬與延曆寺合稱「南都北嶺」的奈良興福寺，是京都附近最強的僧兵集團。這兩個集團經常與朝廷發生爭執，但因為是佛教信仰中心，公卿貴族信徒甚多，讓朝廷處理時非常棘手。其中最讓朝廷困擾的，就是僧兵利用「神輿」及「神木」進行「強訴」。

所謂的「神輿」就是神轎。最早的記錄出現在《續日本記》孝謙天皇的章節中：「天平勝寶元年（七四九）東大寺大佛建立時，為了祈求營造平安，將九州宇佐八幡宮大神請到平城京時所用紫色轎子。」後來在各種御靈會中也建造了許多神輿，但純粹就是迎神之用。

延曆十年（七九一），桓武天皇敕令建造兩座神輿賜給日吉大社。當初不過是為了表示對神明的尊敬，到後來卻變了調。

嘉保二年（一〇九五），美濃國（今岐阜縣）國司（朝廷指派管理各國的地方官）源義綱與延曆寺

興福寺，南都奈良最大的僧兵集團。

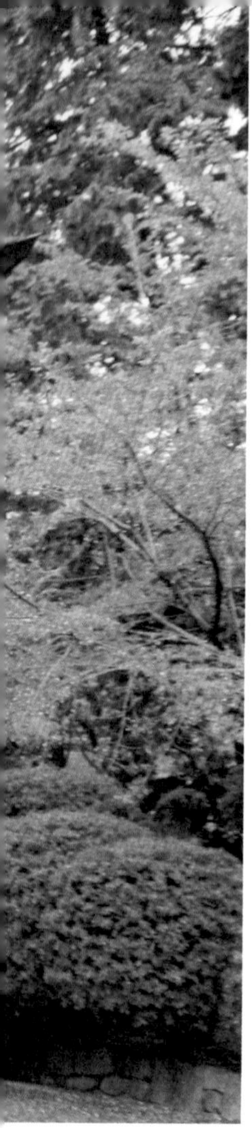

發生爭執，信徒將山王神輿抬到山上，要求朝廷將源義綱判處流罪，這是延曆寺第一次強訴。

當時的關白藤原師通沒有答應，並且出兵制止。延曆寺於是詛咒藤原師通以及當時的堀河天皇。四年後，藤原師通以三十九歲壯年突然去世，延曆寺趁機大力宣傳這是神明的懲罰，從此京中洛外對神輿及強訴之事大為恐懼。

此後數百年間，比叡山強訴連連。其他寺院也有樣學樣，讓朝廷困擾不已。直到天文九年（一五四〇）延曆寺才宣告停止強訴。原因不是因為不再利用神威，而是這時朝廷勢力實在太弱了，要強訴也強訴不到什麼東西。

除了強訴之外，延曆寺的武力也用在內鬥。

在最澄開創天台宗後，經過數代努力，天台宗基業漸漸穩固。其中貢獻最大的是第三代座主慈覺大師圓仁（七九四～八六四）以及第五代座主智證大師圓珍（八一四～八九一）。雖然後來寺運一度衰退，但在十八代座主良源的經營之下，延曆寺到達前所未有的盛況。然而良源之後，內部卻開始產生分裂。

從圓珍之後，天台宗的座主一直由圓珍派的弟子擔任，直到良源才換成圓仁派弟子。永祚元年（九八九），圓珍派的余慶被任命為第二十代天台宗座主。因為圓仁派的強力阻撓，余慶在數個月後辭去座主職位，兩派對立激化。四年後，圓珍派燒毀了赤山禪院，圓仁派於是攻擊圓珍派的坊舍，並將圓珍派門徒千餘人趕下比叡山。圓珍派門徒下山後占據園城寺，而圓仁派獨自占有比叡山。天台宗在這一年正式分裂為山門（圓仁派，比叡山延曆寺）及寺門（圓珍派，園城寺）二派。兩派形同水火，爭戰不已。

山門派及寺門派為了相互對抗，不斷加強僧兵力

三井寺。正式名稱為「長等山園城寺」，是天台寺門宗的總本山。

量。山門派由於以開山之地比叡山為基地，占有較大的優勢，五百年間都是朝廷頭痛的對象。佛門聖地變得如此勢力龐大，主要還是因為信徒遍布公卿貴族、將軍大名及升斗小民，又有一支強悍、會利用神威的僧兵集團。難怪平安末期院政時期的權力者白河法皇會說，「山法師」是他的天下三不如意之一。

不幸的是，這個令人頭痛的山法師，最後終於要遇到創寺以來最強大的對手。

將軍暗布信長包圍網

織田信長，一五三四年出生於尾張國，父親死後繼承織田家家督之位，並在數年後剷除支持弟弟的勢力，統一了尾張。尾張在當時只不過是個小國，但是在永祿三年（一五六〇）的「桶狹間之戰」中，織田信長以三千兵力發動奇襲，擊潰當時東海第一大名今川義元的二萬五千名大軍。信長因此聲名大噪。

桶狹間之戰後，信長與三河的松平元康（後來的德川家康）結成「清洲同盟」，這是兩人最初的結盟。終其一生，信長及德川家康都維持堅強的盟友關係。

清洲同盟阻止了武田氏及今川氏等東方強權的西進，使得信長無後顧之憂，可以往近畿發展一統天下的勢力。信長接下來併吞了美濃國。永祿十一年（一五六八）信長率領六萬大軍進入京都，支持足利義昭成為室町幕府第十五代將軍，其地位已經超越一般戰國大名。

足利義昭成為將軍之後，一直想恢復室町幕府的威望。但信長支持義昭的目的只是要利用將軍的名義號召天下，雙方關係因此日益緊張。

義昭於是以將軍之名密令越前的朝倉義景上京討伐信長。這件事被信長知道後，就和德川家康聯合進軍越前，討伐朝倉義景。信長與家康聯合軍一路攻占朝倉城池，眼看就要擊垮義景。不料，備受信長信任的妹夫兼盟友淺井長政突然倒戈偷襲信長家康聯軍（金崎之戰）。信長差點喪命，狼狽逃回京都，與義昭關係更加惡劣。

義昭此時暗中聯合京都外圍的大名，對織田信長形成包圍網（第一次信長包圍網）。參與包圍網的大名包括松久永秀、武田信玄、毛利元就、本願寺顯如、淺井長政、朝倉義景等勢力，對信長造成相當大的威脅。與朝倉義景關係深厚的比叡山延曆寺山門派，也參與了義昭的包圍陣線。

元龜元年（一五七〇）六月，信長再度發動攻勢，與朝倉、淺井聯軍在琵琶湖東北岸近江國的姉川（今滋賀縣長濱市）展開激戰（姉川合戰）。結果朝倉、淺井聯合軍大敗。九月，朝倉、淺井聯軍趁信長在大坂忙於本願寺方面的戰事時，再度發動三萬大軍進攻宇佐山城，並且直逼京都。信長的弟弟信治及大將森可成（森蘭丸之父）戰死，損失慘重。信長急行回師，而朝倉、淺井聯軍則布陣於比叡山，與信長對峙（志賀之陣）。

延曆寺表面上保持中立，暗中卻屢屢協助朝倉、淺井聯軍。織田信長於是派人與山門派談判，希望以歸還信長奪自延曆寺的土地為條件，請延曆寺方面不要再庇護朝倉、淺井聯軍，或至少保持中立，卻遭到拒絕。

十一月末，信長軍在志賀之陣中被朝倉、淺井聯軍擊敗，又困於本願寺所支持的長島一向一揆。難以招架的信長只好厚著臉皮，請求天皇及將軍出面調解。在天皇主持下，信長與朝倉、淺井聯軍達成和解，條件是歸還信長奪自延曆寺的土地，並承認淺井長政及六角承禎在近江所占土地的所有權。

危機雖然暫時解除，對信長而言卻是一生中不曾

舊二条城址，信長入京都後為足利義昭建的將軍宅邸。

信長包圍網

第一次信長包圍網 (1570-1573)

- 足利義昭（將軍）
- 朝倉義景（越前）
- 淺井長政（北近江）
- 比叡山延曆寺
- 顯如（石山本願寺）
- 武田信玄（甲斐）
- 毛利元就（中國）
- 松永久秀
- 一向一揆
- 三好三人眾

第二次信長包圍網 (1576-1578)

- 足利義昭（將軍）
- 上杉謙信（越後）
- 毛利輝元（中國）
- 波多野秀治（丹波）
- 顯如（石山本願寺）
- 荒木村重（信長叛將）
- 別所長治（信長叛將）
- 松永久秀
- 山名祐豐（但馬）

嘗過的屈辱。只是情勢所迫，不得不然，先和一方妥協，暫時穩住局勢，日後再各個擊破。

三天大火燒盡八百年基業

對於攻擊比叡山一事，事前信長的部下就極力規勸。比叡山延曆寺數百年來一直是佛教徒的信仰中心，地位崇隆，是最受尊敬的佛門聖地。要攻擊這樣的地方，簡直與攻擊天皇沒兩樣。織田軍中很多人是虔誠的佛教徒，對於自己是否下得了手，都還有疑問。部屬們希望信長能三思。

但是信長對延曆寺早有定見。在信長眼中，佛門之地有僧兵、有女子、有小孩，還不時出力配合其他大名與他作對，根本就是假佛陀聖名行為非作歹、腐敗墮落之事的武裝集團。信長當時正陷入困境中，對延曆寺與朝倉、淺井等人串通的行為更是惱怒。

最重要的是，就戰略觀點，剷除比叡山的力量，可以讓朝倉、淺井聯軍無法再利用它做為靠山，在

近江一帶與信長周旋，並且可以切斷朝倉、淺井聯軍與大坂本願寺方面的聯絡，是打開包圍網的重要一步。攻擊比叡山之事勢在必行。

元龜二年（一五七一）新年，信長在接見細川藤孝時，就透露今年一定要滅掉山門，顯示信長此時已經下定決心。同年正月，信長下令當時在近江橫

山城的羽柴秀吉，隔絕從姊川到朝妻（今滋賀縣米原市朝妻筑摩，當時是北陸到京都水陸交通要地）的交通，預防比叡山和朝倉、淺井勢力再度結合。其次將重臣丹羽長秀布置在近江的佐和山城（今滋賀縣彥根市鳥居本町），以確保由信長的大本營岐阜到湖岸的暢通。

八月十八日，信長由大本營岐阜出發，進入橫山城。二十八日，往南進入佐和山城。九月一日，信長命令在南近江的佐久間信盛及柴田勝家等將領，攻下淺井及一向一揆掌握的幾個小城，九月十一日進入琵琶湖南端的石山城。當時有人建議應該在白天攻擊，因為晚上容易有漏網之魚。信長大軍於是趁深夜向北往坂本方面前進，封鎖了延曆寺及坂本對外所有出口。

九月十二日，這一刻終於來臨。

清晨六時，信長發布命令，全軍從坂本市街開始發動總攻擊。在第一波攻勢中，坂本市街、日吉大社，以及做為比叡山的象徵而讓各路人馬敬畏的神

寧靜的八王子山山道入口。燒山事件發生時擠滿了驚恐逃難的信眾。

輿，全數被燒光。受到攻擊的信眾不斷地往日吉大社的內部及八王子山逃竄，最後還是躲不過這場災難。

在攻擊坂本之後，織田軍開始往山上進攻。信長滅絕山門派的決心相當堅定，在延曆寺山頂地區，織田軍徹底進行無情的殺戮及破壞。僧兵、上人、智者、信眾，不論男女老少一律斬殺。比叡山上山下屍橫遍野，宛如地獄。

此外，以根本中堂為首，三塔十六谷中的數千堂塔坊舍，以及經書、佛像，同樣全部化為灰燼。大火連燒三天，從京都可以看到比叡山的火光。歷代信仰中心、人民的精神寄託被毀，洛中人心震動，久久不能平復。比叡山延曆寺經營了八百年的基業至此毀於一旦。

據說織田軍中有一些同情比叡山的部屬，在進攻時並沒有徹底執行信長的命令，而暗中協助僧眾逃走。信長後來得知卻沒有追究，或許這是他在帶兵及實際需求之間的妥協。

最後估計比叡山僧俗有三千人死於這場劫難。逃出的人數說法不一，因為沒有辦法統計。

何謂「第六天魔王」

燒討過後，許多延曆寺僧眾投靠甲斐的武田信玄，信玄也以天台宗保護者的身分自居。元龜三年武田信玄西進，目標京都，他寫了一封信給信長，署名「天台座主沙門信玄」（沙門，泛稱男性出家眾），把自己比為天台宗的守護者。信長更絕，回信時竟自稱「第六天魔王」。

第六天魔王這個稱號來自佛教。佛教將成佛之前的世界由高而低分成無色界、色界及欲界，即所謂的「三界」。修佛之人最終目的就是要超脫三界。欲界（有食欲及淫欲的世界）的最高境界稱為第六天，又稱為「他化自在天」。他化自在天是個很幸福的天，在這個天中要什麼有什麼，任何慾望都能達成，而且不用自己張羅，自有下一層的化樂天供給，所以才稱為「他化自在」（從他人得到想要的而自由自在）。

他化自在天的統治者稱為「波旬」（也有其他稱法），在佛典中是阻礙釋迦成佛的首惡。在佛祖即將成佛之前，波旬一下派女子引誘，一下派軍隊圍攻，三番二次阻礙成佛。原因是他化自在天太幸福了，他不要他的子民也和佛祖一樣悟道而脫出他的掌控。這和歷史上許多愚民的皇帝及獨裁者是一樣的。不過在佛祖成佛之後，波旬反而成了佛教的護法。但這個護法卻是個別有居心的護法，時時刻刻不忘引誘佛門弟子。心志稍有不定，佛門弟子就會落入魔道。波旬因此被佛門稱為「第六天魔王」。

那為何佛界要容忍這號人物？大概是提醒修佛之人，第六天的誘惑很大，必定要堅持佛法。過了這一關，摒除了食、淫兩種最低但最強的慾望，才能走上成佛的坦途。

明智光秀在比叡山燒討事件中的角色無一定論。

比叡山燒討後，當時天台宗座主覺恕法親王投靠信玄，信玄會以天台座主自居讓人想不透，信史上也沒有信玄與信長如此書信往來的記載。信長生性殘忍，對阻礙他稱霸的人，即使佛教徒，也一概消滅。據說當時佛教界就已經給他這個魔王的封號了。信長與信玄書信往來的故事可能也是這種氣氛下產生的，是否真有此事，尚須更有力的證據。無論如何，事後我們看到燒討前後的延曆寺，只能感嘆「第六天魔王」的稱號實在下得太傳神了。

漫漫重建路

比叡山燒討之後，原本是商業城市的坂本風光不再，變成信長位於琵琶湖西的軍事要地。信長令明智光秀駐守此地，除了恢復坂本的元氣外，也就近監視這一帶的琵琶湖水陸交通。光秀在此地建造了坂本城，並且重建被燒毀的西教寺。燒討之後十一年（一五八二），光秀發動本能寺之變，信長自殺身亡。光秀兵敗後，坂本城也被燒毀。

就在信長去世這一年，逃出比叡山及散居在各地的僧徒，以全宗、詮舜及豪盛為首，在豐臣秀吉的支持之下，開始展開重建之路。天正十三年（一五八五），不滅法燈由出羽國立石寺的分燈移回。同年，比叡山最重要的堂舍——東塔地區的根本中堂——開始重建，四年後完成。文祿四年（一五九五），秀吉將園城寺金堂移至西塔，重建為釋迦堂，是目前延曆寺年代最久的建築。常行堂、法華堂也在秀吉的支援下陸續完成。慶長九年（一六〇四），橫川中堂在秀吉側室淀殿的支助下重建。寬永十九年（一六四二），德川家光重建毀於風災的根本中堂。比叡山在僧徒及秀吉、家康、秀忠及家

元龜法難（比叡山燒討）鎮魂碑。

天海僧正住坊的舊址。

光的支持下，一步一步恢復昔日規模。

在德川幕府時代，對重建最有貢獻的是家康倚重的南光坊天海（一五三六～一六四三）。

天海年少時曾入比叡山學佛。比叡山燒討時逃出，與僧眾一起投靠武田信玄。之後周遊各地，最後投到德川家康帳下，受到家康重用。家康深知當時宗教與政治結合的情況，也知道宗教的力量，因此近側有天海等僧人為他處理宗教領域的大事。天海不但是家康、秀忠、家光三代的宗教顧問，也是政治上相當倚重的幕僚，因此能利用政治力量重建比叡山。

不過天海著眼的不只是比叡山，而是整個天台宗。天台宗信徒廣布，是宗教界最有影響力的門派，控制住天台宗，對政治穩定有相當助益。寬永二年（一六二五）在德川家光的支持下，天海仿效比叡山延曆寺，在江戶東北方（艮位，鬼門）上野的丘陵上建造寬永寺，山號東叡山（東邊的比叡山之意）。之後德川幕府將日光山輪王寺、東叡山寬永寺及比叡山延曆寺定為天台三山，並以日光山統領各山，比叡山因此失去在天台宗最高的地位。直到明治維新發生廢佛毀釋運動之後，天台宗各派分立，比叡山延曆寺才重新成為天台宗總本山。

政治歸政治，宗教歸宗教

比叡山燒討似乎是歷史的必然。元龜年間的這場劫難是兩條歷史線的交點：因外在環境使然，理應專注佛法的延曆寺卻擁兵自重；而為統一天下，織田信長也走到必須滅佛的這一步。

比叡山燒討不是個案，當時各地的佛教僧兵集團因為戰國大名的討伐而消滅者所在多有。正如佛法有滅絕之時，也有重生之日，比叡山因為這次事件去掉了與佛法無關的部分，重新走回修佛正道。德川幕府成立後，家康在十五年間頒布多條〈寺院法度〉，對寺院進行嚴格管控。寺院中的僧兵集團從此消聲匿跡，後世的佛教終於有了一個乾淨的空間。

坂本現在是琵琶湖畔寧靜的小鎮。

旅人見微

總見院的停車格

比叡山燒討後十一年，織田信長死於本能寺之變。他的屍體據說燒得無影無蹤，豐臣秀吉最後將他供奉在洛北大德寺總見院，所以去大德寺時，一定要順道看看。第一次到總見院時，印象最深刻不是總見院的建築，而是停在總見院大門前的車。在這麼古色古香的地方停了一輛新穎的汽車，總覺得突兀。本來以為只是運氣不佳，剛好遇到個冒失鬼，把車停在此地。沒想到隔了數月再次造訪時，同樣的汽車依舊停在原來的地方，彷彿數個月來從沒離開過。一時懷疑這個位置是不是總見院的停車格。

想不到，總見院不是唯一有停車格的地方。位於東福寺參道口的萬壽寺也是，經過幾次，總是可以看到同一輛車停在同樣的地方。換成轎子或馬車應該會好一點吧！至少和背景比較搭配！

萬壽寺前。

比叡山燒討事件簿

延曆七	七八八	最澄於比叡山建「一乘止觀院」。
延曆十三	七九四	桓武天皇遷都平安京。
延曆十六	七九七	一乘止觀院取得官寺地位。
延曆二十五	八〇六	天台宗開宗。
弘仁十三	八二二	最澄入寂。一乘止觀院獲准設立大乘戒壇。
弘仁十四	八二三	嵯峨天皇賜名「延曆寺」。
天祿三	九七二	比叡山三塔（東塔、西塔、橫川）確立。
正曆四	九九三	山門派（延曆寺）與寺門派（園城寺）正式分裂。
永祿三	一五六〇	桶狹間之戰，織田信長大破今川義元。
永祿十一	一五六八	織田信長上洛，支持足利義昭為將軍。
元龜元	一五七〇	四月，金崎之戰。 六月，姊川之戰。 九月，志賀之陣。 十二月，信長求和。

傳教大師最澄。

元龜二	一五七一	九月，比叡山燒討，三塔十六谷全毀，死三千人。
元龜四	一五七三	坂本城完工。
天正十	一五八二	本能寺之變，織田信長自殺。十三日後，明智光秀兵敗自殺。
天正十二	一五八四	豐臣秀吉許可再興延曆寺。
天正十三	一五八五	不滅法燈由出羽國立石寺之分燈移回。
天正十七	一五八九	根本中堂重建完成。
慶長十二	一六〇七	天海開始重建諸堂。
寬永二	一六二五	天海建寬永寺，山號「東叡山」。
寬永十九	一六四二	根本中堂再建完成。
明治元	一八六八	神佛分離令，日吉大社獨立。
明治三	一八七〇	延曆寺再度成為天台宗總本山。
平成六	一九九四	延曆寺登錄為世界文化遺產。

比叡山燒討歷史風景簿

延曆寺	滋賀縣大津市坂本本町（京阪電鐵石山坂本線坂本站）
延曆寺根本中堂	延曆寺東塔
延曆寺戒壇院	延曆寺東塔
延曆寺文殊樓	延曆寺東塔
延曆寺大講堂、鐘樓	延曆寺東塔
坂本	滋賀縣大津市坂本地區
坂本城跡	滋賀縣大津市下坂3丁目
日吉大社	滋賀縣大津市坂本五丁目（京阪電鐵石山坂本線坂本站東行5分鐘）
八王子山山道	日吉大社境內
園城寺（三井寺）	滋賀縣大津市園城寺町（京阪電鐵石山坂本線三井寺站步行15分鐘）
西教寺	滋賀縣大津市坂本5丁目13-1
舊二条城址	京都市上京區室町通下立売（地下鐵烏丸線丸太町站北行下立売通左轉1分鐘）
元龜法難（比叡山燒討）鎮魂碑	延曆寺東塔國寶殿旁
天海僧正住坊舊址	延曆寺第三駐車場東側
姉川古戰場	滋賀縣長濱市野村町姉川
興福寺	奈良縣奈良市登大路町48番地（近鐵奈良線奈良站東行2分鐘）
大德寺總見院	京都府京都市北區紫野大德寺町53

延曆寺戒壇院。

平安建都

風水皇城的輝煌繪卷就此開展

棋盤街道、風水之都、古都怨靈、
奈良佛教……
所有傳說與建設都始於一場場政治算計。
平安京開創者桓武天皇，
沒有因打造出美麗都城而了卻心事，
卻為他的子孫留下千年的繁華似錦。

由京都車站望向京都塔。京都車站可謂今日的羅城門。

東寺五重塔是座奇妙的建築，不僅在它的雄偉，也在它的位置。

數年前春天，首次京都之旅，我從關西機場出發到京都。一路上看到了日本的田野，看到了電視上常見的日式二階平房，看到了大阪的現代化建築。一切都是那麼新鮮、那麼熟悉，但總覺得好像還缺少什麼。

一個小時車程後，車廂傳來京都到站的聲音。當我提著行李準備下車時，東寺五重塔巨大的身影突然出現在右邊窗外。剎那間，所有過去對古老日本的記憶，所有從書本中、電影裡、網路上所得的京都印象，此刻全部湧上心頭。

之後數年我幾次造訪東寺，總沉醉在古樸寧靜的寺院中。但當我一步一步了解京都的歷史後才發現，當初下令建造東寺的桓武天皇，可沒有這樣輕鬆的心情。

天智、天武二系爭位

天應元年（七八一），平安京的建都者桓武天皇即位，開始為期二十五年的二次遷都及建都旅程。

桓武天皇即位後，首先面對的是天智及天武兩天皇系之間奪位的問題。

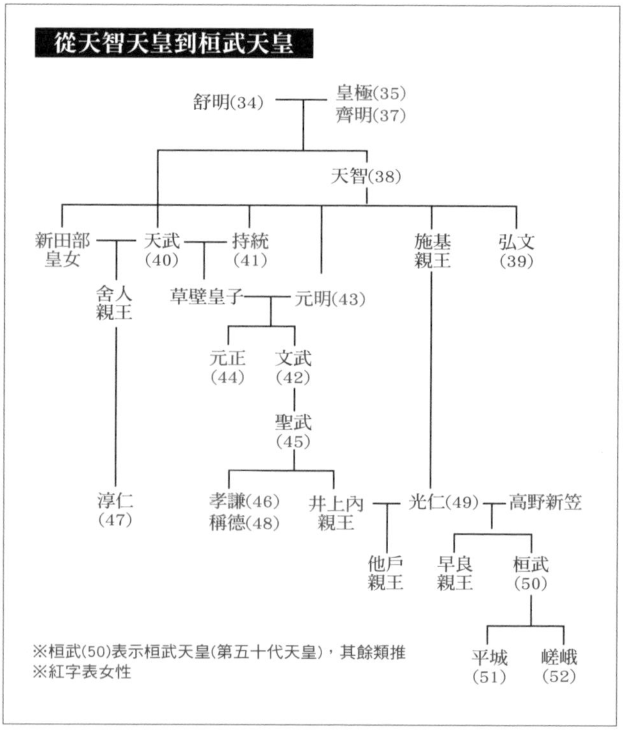

天智（中大兄）是桓武的曾祖父，與天武（大海人）是兄弟。天智死後傳位其子弘文天皇。不料弘文與叔父大海人發生衝突，最後兵敗自殺（壬申之亂）。大海人即位，是為天武天皇。此後數代，除了元明及持統，皇位一直由天武的子孫穩坐，直到稱德天皇去世為止，共九十六年（六七三～七七〇）。

桓武的父親光仁天皇，是天智第七子的第六個兒子，與天武系統血緣相距甚遠，原本與天皇大位沒有關係。但是稱德天皇去世後，當時掌權的藤原永手（屬於當時藤原氏四大家族之一的藤原北家）及藤原百川（屬於藤原式家）等人偽造稱德遺詔，由光仁繼位，使得天智的後裔重掌皇權。

光仁即位後，藤原百川支持嫡長子山部親王（後來的桓武天皇）為皇太子，而藤原永手則支持他戶親王。最後因為他戶的母親井上內親王出身天武系後代，於是決定由他戶任皇太子。但是三年後，支持他戶的藤原永手去世，情勢逆轉。

支持山部親王的藤原百川，指稱井上皇后及太子密謀以巫術對天皇不利，還從皇后御用水井中找到謀反的證據。天皇大驚，下令廢掉皇后及太子，打入冷宮，由山部繼任皇太子。三年後，寶龜六年（七七五），被廢的井上皇后及太子同日暴斃。

井上皇后是天武系之後代，他戶親王一死，等於中斷了天武系再掌皇位的機會。這可能才是這件宮廷謀殺的主要原因。

但是他戶親王並不是天武系唯一的代表。天武系的力量不僅在於皇室，也在當時身為國教的奈良佛教。

政教不分，桓武遷都

佛教自六世紀傳入日本，到了奈良時期與政治密切結合，發展成國家宗教。尤其是聖武（第四十五代）及孝謙（第四十六代）天皇，皇室禮佛甚深，到後來，已分不清是佛教服務政治，還是政治服務佛教。

聖武天皇時代，全日本每一國均設一官寺，稱為「國分寺」。其中東大寺因位在平城京，規模最大，被稱為總國分寺。各國分寺由國家給予田地為經濟來源。起初各國分寺只有土地十町，到了孝謙天皇時代，除了國家給予的土地增加到一百町外，還可以經由開墾增加一千町的土地（東大寺則為四千町）。更嚴重的是，朝廷給予這些寺院免稅的特權。許多貴族於是與寺院勾結，名義上將土地捐獻給寺院，再付給寺院遠低於國家稅收的費用，而達到減稅的目的。各寺院的土地因此大大超過朝廷規定的限額。

南都七大寺（東大寺、興福寺、西大寺、藥師寺、元興寺、大安寺、法隆寺）經過皇室多年支援及貴族的捐獻後，經濟力大增。到了桓武天皇時，平城京附近滿是這些寺院的土地，成了天皇頭痛的問題。

政教不分也導致僧侶干政。其中最有名的例子，就是孝謙及稱德天皇時的「道鏡」干政，差一點中

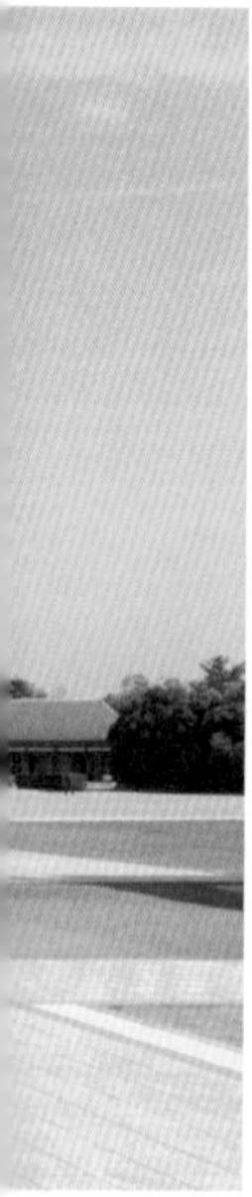

斷了皇室的血統。

孝謙天皇在位九年之後，傳位給淳仁天皇便退隱養病。弓削道鏡因為醫好孝謙的病而深受重用。在孝謙重掌天皇位（改稱為稱德天皇）後，還傳出與道鏡有曖昧關係。天平神護元年（七六五），道鏡受封為太政大臣禪師，第二年再受封為法王，地位等同天皇。道鏡一族出身卑微，卻一再占到當時貴族才有的重要地位。到了神護景雲三年（七六九），甚至發生「宇佐八幡宮神託事件」。

當時道鏡與宇佐八幡宮的主神官勾結，由主神官上奏天皇，說八幡神有旨意，道鏡應成為下一任天皇。稱德天皇聞言大喜，於是派人去八幡宮確認。不料傳旨的和氣清麻呂傳回來的卻是「天之日嗣，必立皇緒。無道之人，宜早掃除」。意思就是說，天皇之位要傳給皇統之人，那些非皇統之人，應該滾到一邊去。天皇聽了大怒，將和氣清麻呂發配九州，但是道鏡的陰謀也沒有成功。第二年稱德天皇去世，道鏡下台，才結束了僧侶干政的局面。

南都六宗寺院規模歷千年不墜，由左至右分為興福寺五重塔、藥師寺金堂、東大寺。

平城宮跡。

但道鏡只不過是佛教勢力深入政治的極致表現，即使道鏡下台，佛教與皇室及貴族的糾結以及佛教寺院的經濟特權，都使得佛教勢力依然能穩固地存在。如果桓武天皇可以控制這些佛教寺院，那麼還可以壓制天武系皇族，但事情看來並非如此。

天武系皇族在平城京數十年的經營，除了本身的勢力，與佛教的關係更是根深柢固。桓武天皇想必對天武系皇族及佛教勢力感到不安。他認為平城京是由天武系皇族所建，他應該建立一個屬於天智系皇族的新都城。於是在接位之後三年，桓武糾集了支持他的貴族，另建新都，並且禁止平城京各大寺隨之遷移，把天武系皇族及南都佛教勢力排除在中央政治之外。

關係人接連暴斃，怨靈作祟？

桓武天皇遷都的另一個原因，據說是怨靈作祟。寶龜六年（七七五），井上皇后及他戶親王死後，皇室及國家就開始發生一連串不幸事件。光仁天皇及新立的皇太子山部親王重病；能登內親王（光仁天皇女兒）、難波內親王、藤原百川（檢舉皇后謀反者）以及皇太子的內侍接二連三暴斃。即使皇室天天燒香念佛，也沒有辦法避免厄運。天應元年（七八一）四月，光仁天皇傳位給太子，不久後即去世。數年之間，皇室籠罩在恐怖的死亡氣氛中。

井上皇后及他戶親王雖然後來也在平安京御靈神社的怨靈之列，但是對桓武天皇第一次遷都似乎沒有多大的影響。影響桓武天皇第一次遷都的，大半是政治上的問題。

近世日本有化學專家提出假說，認為井上皇后及他戶親王死後，奈良的皇室成員紛紛去世實因公害所致。何來公害？當時為了鑄造奈良大佛，使用大量水銀。在冬風吹襲之下，水銀蒸氣四散，接觸的人很容易在一段時間內死亡。

由朱雀門遠望。近鐵奈良線的列車正快速橫越平城宮跡中央。

此一假說有待考證，但它提供了我們另一種思考的方向。由於古代科技尚未發達，很多事件無法用科學方法解釋，只能歸諸鬼神或政治。今日我們看歷史事件，不妨跳脫既有的觀念，用科學的角度，或許可以更接近事實。

怨靈如影相隨，桓武二度遷都

桓武天皇最後聽從心腹藤原種繼的建議，選擇在長岡（今京都市西南之向日市）一帶營建新都。

長岡京東邊有桂川，南邊是桂川、宇治川及木津川三川合流，北臨長岡丘陵，西邊是西山，是符合中國風水四神相應之地。此外，與平城京相比，長岡京附近水陸交通便利，有河流直達瀨戶內海，是做為首都的好條件。更重要的是，長岡京一帶的豪族秦氏與桓武天皇的近臣藤原種繼家族是姻親，與桓武母親的家族也有血緣關係。可以說，這裡是桓武天皇的勢力範圍，比平城京好太多了。

延曆三年（七八四）桓武天皇正式遷都長岡京。但是到第二年，長岡京就發生了大事。

延曆四年（七八五）九月二十三日，桓武天皇巡行舊都平城京時，長岡京建都主要人物藤原種繼遭人暗殺。策劃者大伴繼人及大伴竹良等十數人不久就被逮捕，兩人供稱與二十多日前去世的大伴家持（早良親王心腹）共同謀劃，並且在進行暗殺前曾向早良親王報告過。桓武天皇於是下令逮捕早良親王，禁閉於乙訓寺。早良親王自認冤屈，被捕後絕食十日，在流放淡路島途中去世，遺體還繼續被送往淡路島，埋骨他鄉。

早良親王是桓武天皇同母弟。十一歲時被送入佛門，二十一歲任奈良大安寺住持，二十六歲掌東大

旅人隨想

一条戻橋下

有些地方是可以來個小小探險的，一条戻橋下就是這樣的一個地方。

無意中由堀川第一橋旁往河道下去，一直走到一條戻橋下，發現從橋上無法體會的風景，有如發現桃花源一般。再往下走，最後是一條暗渠。因為這是戻橋，傳說太多，走起來心中毛毛的，但也增加了探險的樂趣。回到地上，再往下看剛走過的河道，感覺差太多了！不過大雨來時，最好不要下去，妖魔真的會來！

一条戻橋下。

淡路島，往昔為流放罪犯之地。右為明石大橋。

寺。由於父親意外接任天皇（光仁天皇），使得他的地位更高於一般僧侶，有「親王禪師」之稱。桓武天皇即位時，早良親王也被光仁天皇指定為皇太子。

早良親王與奈良佛教關係密切，一向反對遷都。再加上早良親王任皇太子，阻斷了桓武天皇之子安殿親王的天皇之路，早良與桓武之間早有矛盾。

一般認為，早良親王應該沒有參與藤原種繼的暗殺計畫，但是桓武天皇卻利用這次事件剷除早良集團，除了使安殿親王成為天皇的繼任者外，也藉此排除奈良佛教在新都中的最後勢力。

早良親王之死，原本不過是一件宮廷內鬥，實不足為奇。但數年後發生的一連串事端，卻演變成影響深遠的事件。

早良親王死後數年之內，皇室及公卿多人相繼去世。延曆五年（七八六），皇妃藤原旅子的生母過世。延曆七年，藤原旅子過世。延曆八年九月，右大臣藤原是公去世；十二月，皇太后高野新笠（桓

長岡宮大極殿遺址。

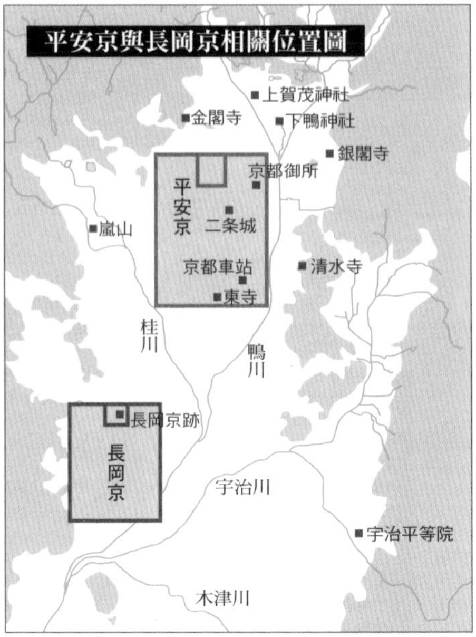

武天皇生母）去世。延曆九年三月，皇后藤原乙牟漏去世，年僅三十一歲；九月，皇太子安殿親王臥病；十月，長岡宮建造人佐伯今毛人去世。

此外，天災人禍頻頻發生。延曆八年，征蝦夷軍大敗。延曆九年秋冬兩季，天花流行，死亡甚眾。延曆十年，伊勢神宮火災。延曆十一年六月、八月、十一月，三次洪水，長岡京成災。

不曉得桓武天皇何時才開始覺得這些事是早良親王的怨靈所為。延曆九年，桓武天皇派人到淡路島為早良親王掃墓，希望能平息他的怨氣。延曆十一年，安殿親王久病不癒，經卜卦，認為是早良親王作祟。桓武天皇立刻派人到淡路島整建早良親王的墓，但似乎於事無補。恐怖的氣氛籠罩著長岡京的皇室。

早良親王的怨靈，以及遷都長岡京後的種種天災禍事，使得桓武天皇再度思考遷都之事。

長岡京建都開始後七年，延曆十一年春，二次遷都計畫開始。延曆十二年，長岡京建設中止，開始建設平安京。終於，長岡京建都十年後，延曆十三年（七九四）十月二十五日，在皇宮及各項工程尚未完備之時，桓武天皇就匆匆遷都平安京。但是遷都平安京並未使桓武天皇得到安寧。到去世之前，桓武天皇一直為早良親王的怨靈困擾不已。

長岡京從此廢棄埋沒於荒煙蔓草中。近世甚至有人懷疑是否真有長岡京，直到一九五五年遺址陸續被發掘，才證實長岡京的存在。

平安建都兩大要角

除了桓武天皇，平安建都還有兩個重要角色：和氣清麻呂及渡來人秦氏一族。

和氣清麻呂因為在「宇佐八幡宮神託事件」中不肯配合道鏡的演出，最後流放九州。在發配九州途中被藤原百川救走，沒有遇害。此事件影響深遠，若非和氣清麻呂成功阻止了道鏡篡天皇位，萬世一系的天皇血統可能就此中斷。後世對他極為推崇，近代甚至以他的肖像做為萬元日幣的圖案。

道鏡下台後，和氣清麻呂被召回，參與長岡造京。之後在平安京附近諸國負責多項水利工事。由於在長岡京諸事不順，和氣清麻呂便向桓武天皇建議遷都到山背國葛野郡（今京都市右京區太秦一帶），並在遷都平安京之後任造京最高負責人，直到延曆十八年去世為止。

另一要角秦氏是渡來人（由亞洲大陸遷來日本的移民）。為了擺脫天武系皇族的勢力、維繫本身的血統，桓武天皇似乎特別重視渡來人，秦氏就是其中最受重用者。在遷都平安京之前，秦氏一族早就是當地豪族，並與朝廷來往密切。秦氏的族長秦河勝曾奉祀聖德太子（五七四～六二二）所賜之彌勒菩薩，於西元六〇三年建立了「蜂岡寺」（今廣隆寺），是京都最古的寺院。秦氏在葛野郡據有廣大土地，農業及土木技術超過其他渡來人，因此累積了相當財力。長岡京及平安京二次遷都中，秦氏在財力、土地及技術上都提供了相當大的支助。

桓武天皇當然是平安建都決策者。但是，如果沒有具實務經驗的官僚以及提供財力技術的秦氏，那麼一切都只是空中閣樓。

依照風水之說，「重兵布陣」

平安建都受中國文明影響甚深，可以從風水及棋盤式街道格局看出。為了逃避怨靈糾纏而遷都的桓武天皇，對風水之說自是深信不疑。於是平安京一開始就注定要成為風水之都。

四神相應

在位置的選擇上，平安京的建造者最先考慮的是「四神相應」這個最重要的原則。「四神相應」之說源自中國風水學。所謂「四神」是位於四個方位的神獸：青龍（東、左），白虎（西、右），朱雀（南），玄武（北）。由此四方神獸鎮守的地方，是風水學中大吉之地。平安京四方東有鴨川、西有山陰道、南有巨椋池、北有船岡山，正是四神鎮守

祀奉和氣清麻呂的護王神社。

廣隆寺，祀奉的彌勒菩薩名列日本第一號國寶。

的絕佳寶地。這是桓武天皇選擇此地的一個重要原因。

以四神相應的準則選擇建都之地並不是始於平安京。之前的長岡京、平城京以及更早的藤原京都是四神相應之地，但是四神所棲之地和平安京卻有不同。最早的藤原京位在現在奈良縣橿原市，由北耳成山、東天香縣山、西畝傍山、南吉野山及飛鳥山構成吉地之勢。

平安京的風水配置 層層防衛，仍護不到方寸之地。

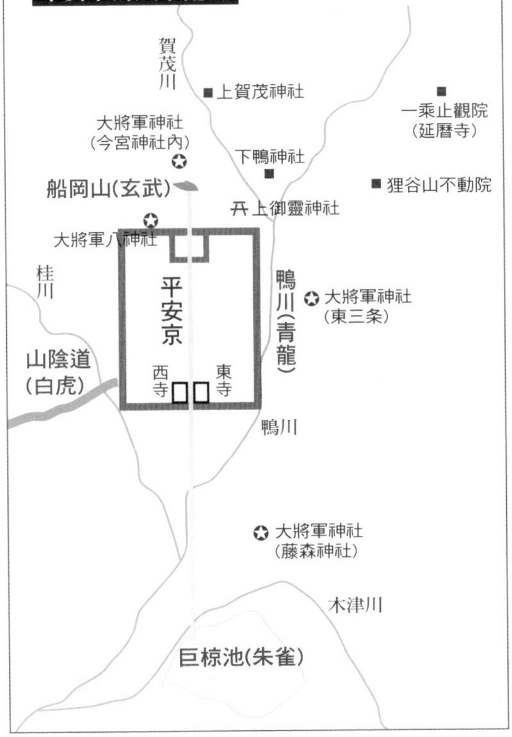

鬼門

除四神相應外，東北方為《易經》中的艮位，是風水學上的「鬼門」：妖魔鬼怪進入的方位。平安京在這個方位上可謂重兵雲集。桓武天皇指定東北方的比叡山「一乘止觀院」、上賀茂神社、下賀茂神社（下鴨神社）、狸谷不動院為王城守護之寺社。上賀茂神社及下鴨神社在平安京之前原本就是當地豪族賀茂氏的氏社。一乘止觀院則是延曆寺根本中堂的前身，是天台宗開山祖最澄所創建。延曆寺爾後高僧輩出，開創許多宗派，有「日本佛教母山」之稱。

桓武天皇之後，歷代在這個方位上也下了許多心思。除了延曆寺，後來還在比叡山下建造赤山禪院。平安中期最著名的陰陽師安倍晴明的住所也安排在此一方位，希望以他的法力鎮住鬼怪。現在在京都御所東北角的「猿之辻」，同樣是為了鎮守鬼門而設。

大將軍八神社。

上御靈神社，奉祀的是平安京最強的眾怨靈。

御靈神社

平安遷都既是因為早良親王的怨靈，桓武天皇在建都時，也不忘建造神社以安撫他。這座神社就是「御靈神社」（上御靈神社），也是位在東北方。除了早良親王，御靈神社後來也陸續祭祀其他因政治鬥爭犧牲的皇室成員及大臣，包括他戶親王（光仁天皇之子）、井上皇后（他戶親王之母）、藤原廣嗣、橘逸勢、文屋宮田麿、吉備真備、菅原道真等平安時代初期因政爭或受冤屈而亡的八個怨靈。由於當時人民認為天災及疫病都是怨靈作祟，所以參拜御靈神社成了消災解厄的方法之一，御靈神社於是香火鼎盛。

不過到了室町中期，京都最大規模的戰爭應仁之亂在御靈神社爆發，洛北洛中遭到毀滅性的破壞，不知道是不是這些平安怨靈發威所致。

大將軍神社

桓武天皇最後又在平安京附近選擇四個地點建立四座大將軍神社（位置分別在今日的大將軍八神

藤森神社，鎮守南方。

社、今宮神社內、東三条以及藤森神社），鎮守四方，以防鬼怪進入（尤其是早良親王）。

平安京就在重重風水保衛之下建立。不過終其一生，桓武天皇都在早良親王的陰影下度過。平安京的風水保護的不是桓武，而是後世千萬京都子民。

以唐京長安為本的城市建設

棋盤式街道

平安京是仿中國唐朝京城長安的「條坊制」所建造的城市。城市的範圍北起一条大路，最南是九条大路，東邊是東京極大路，西邊是西京極大路。以現在的街道來看，是北一条通、南九条通、東寺町通、西天神川東側圍成的區域。東西四．五公里，南北五．三公里。

和中國都城不同的是，平安京用道路劃出城市範圍，但是並沒有城牆，只有在南邊羅城門附近有城牆區隔城內外，但是道路也可以直接延伸至城外。不像中國古時圍起來的城，比較像現代以居住為目

平安京配置圖

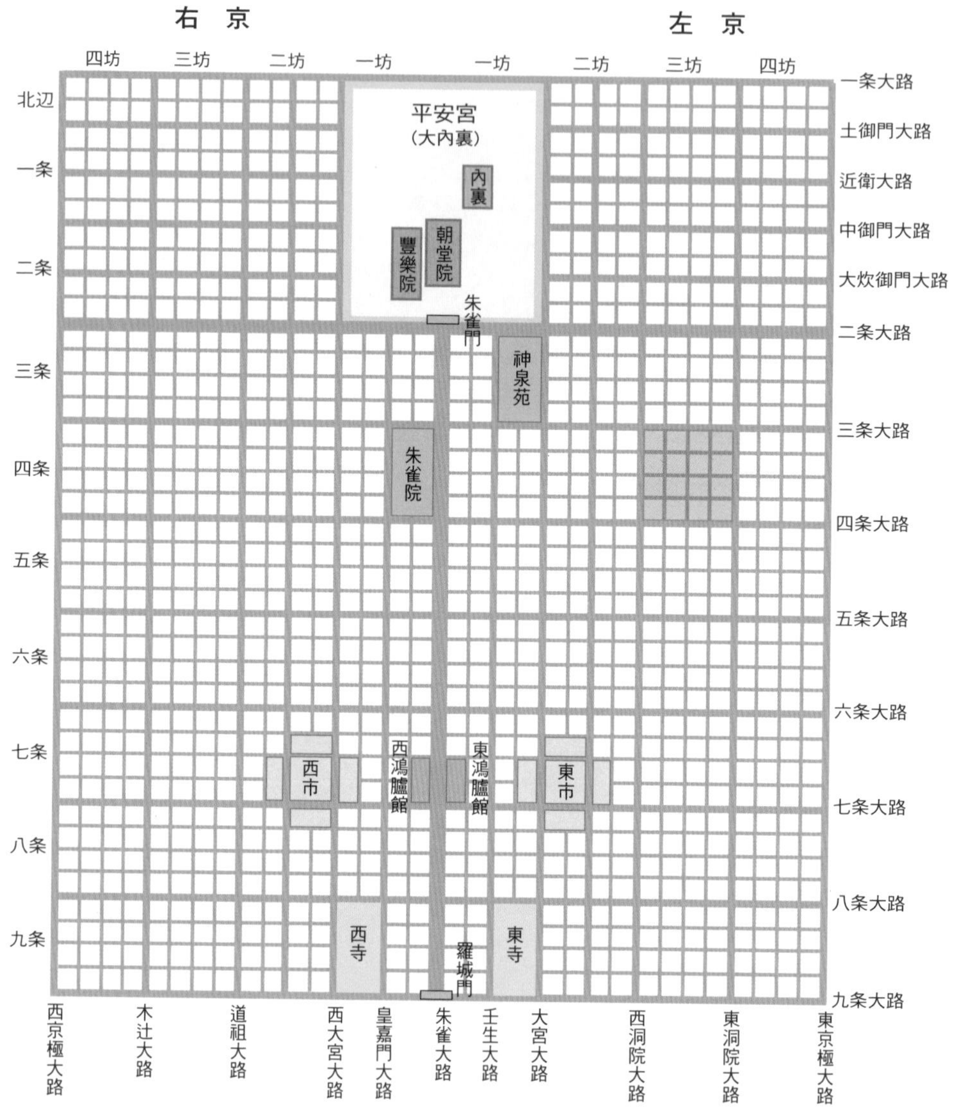
右京
左京
四坊
三坊
二坊
一坊
一坊
二坊
三坊
四坊
北辺
一条
二条
三条
四条
五条
六条
七条
八条
九条
一条大路
土御門大路
近衛大路
中御門大路
大炊御門大路
二条大路
三条大路
四条大路
五条大路
六条大路
七条大路
八条大路
九条大路
平安宮
（大內裏）
內裏
朝堂院
豐樂院
朱雀門
神泉苑
朱雀院
西市
西鴻臚館
東鴻臚館
東市
西寺
羅城門
東寺
西京極大路
木辻大路
道祖大路
西大宮大路
皇嘉門大路
朱雀大路
壬生大路
大宮大路
西洞院大路
東洞院大路
東京極大路

的開闢的重劃區。

整座城市的中軸線是以北邊的船岡山為基準向南延伸。在城北正中央的是皇居及中央政府所在地平安宮（大內裏）。大內裏以南，依中軸線開闢了朱雀大路，將整個城市一分為二。坐北朝南看，東是左京西是右京。此外，在朱雀大路二側也以左右對稱的方式建立了一些重要的官方建築，包括東鴻臚館及西鴻臚館、東市及西市、東寺及西寺等。

規劃出中軸線後，接著再利用東西向及南北向大路分割出条坊區。由東西向大路分割的區域稱為「条」，由北而南是北辺、一条、二条……至九条。南北向道路分割的區域稱為「坊」，由朱雀大路二邊向外是一坊、二坊、三坊及四坊。

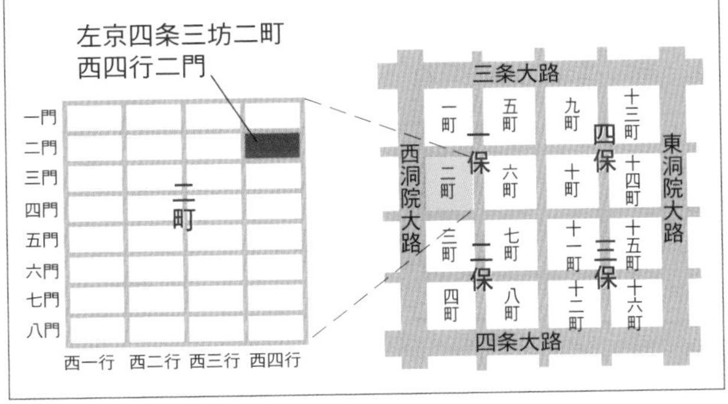

条坊及四門八行（以右圖左京四条三坊二町為例）

每個条坊區域中，還以較小的道路分成一塊塊的「町」。四町為一保，每町再依「四行八門」制分成三十二等分，每一等分稱為「戶主」。每一戶主東西三十公尺，南北十五公尺，是住宅地的最基本單位。朝中大臣分配到的土地通常以町、二分之一町等為單位，一般百姓只能分配到戶主等級的土地。

利用這種分割法，每一塊土地都可以在平安京中標出正確的位置。以三条大路、四条大路、東洞院大路、西洞院大路所圍的區域為例，可找出左京四条三坊二町西四行二門在平安京中的位置。

棋盤式街道的遺跡至今可見，即使歷經千年變化，位置稍有不同，許多當時的街道一直留到現在。最明顯的是東西向的一條通到九条通，還有押小路、姉小路、六角小路、錦小路，以及京都車站前的鹽小路等，都是平安京的路名。南北向的道路，壬生、大宮、堀川、油小路、西洞院、烏丸、東洞院等，也都是當時的街道名稱。

這些遺留下來的道路也反應了平安京後來向東偏移的情形，因為它們大多在千本通以東。

經常往來京都的旅人可能會發現，旅遊地圖好像很少跨進千本通以西稱為「西京」的這個地區。提到京都，印象中滿是左京及東山，不然就是北山、嵐山等地，對西京這個地區簡直是一片空白。這種情況源於京都東高西低的地勢。平安建都時，雖然規劃成棋盤式的城市，但是朱雀大路以西的右京一帶，地勢比較低窪，很多地方還是濕地，不適合居住。於是早在平安初期，城市的居民就紛紛往東聚集，甚至越過鴨川以東，形成「左京興盛右京衰」的景象。平安時代在右京開闢的道路有些早就消失還原成為草地。從室町時期應仁之亂前的市街分布就可以看出，不用到千本通，在堀川以西的地方就已經成市郊了。於是京都有名的故事大多發生在左京。談起左京令人印象深刻的人物故事，往往信手拈來，而右京到底有什麼可談的，卻還得努力想想看。

平安宮

平安宮如同中國唐朝長安的皇城，位在平安京北邊正中央，是天皇居所及中央政府機構所在地。北起一条大路，南到二条大路，東是大宮大路，西為西大宮大路，四邊有土牆圍繞，正門在南邊，稱為「朱雀門」。以現在的道路來看，是由北一条通、南二条通延長線、東大宮大路及西西大宮大路圍成的區域。

大內裏中最重要的建築群是「朝堂院」、「豐樂院」及「內裏」。朝堂院是國家行政中心，其中有十二朝堂，是中央官員辦公的地方，居其中間的太極殿，更是天皇及大臣處理政務及舉行重要儀典的場所。朝堂院旁的豐樂院，是天皇宴客、節慶等活動的場所。朝堂院之後則是稱為「內裏」的地方，其中有天皇的居所、後宮，以及舉行皇室儀禮的場所。另外，太政官、兵部省、戶部省、大藏省等中央機關也都在大內裏中。

朝堂院、豐樂院及內裏三個主要建築群的位置，大約在現在千本通及丸太町通的交叉口附近。朝堂院的範圍大部分在交叉口以南的地方。太極殿正門的位置在交叉口西北角。在交叉口西北方的兒童公園中立有「太極殿遺址」碑，是平安宮在現在最有名的地標。交叉口西南的巷子中，可找到豐樂殿（豐樂院主要建築）的遺跡。至於內裏，則在交叉口東北巷內，必須再往上走一段路。

除此之外，從交叉口往南走，不久可在道路東邊看到「此附近平安京大內裏朱雀門址」的石碑。這裡是平安宮正門「朱雀門」的位置，北邊是皇居，往南就落入民間了。如今朱雀門已不在，要體會當時的情景，只能到奈良看看復元後平城京朱雀門。

因年代久遠，平安宮的地上古蹟已經消失殆盡，

平安宮（大內裏）配置圖

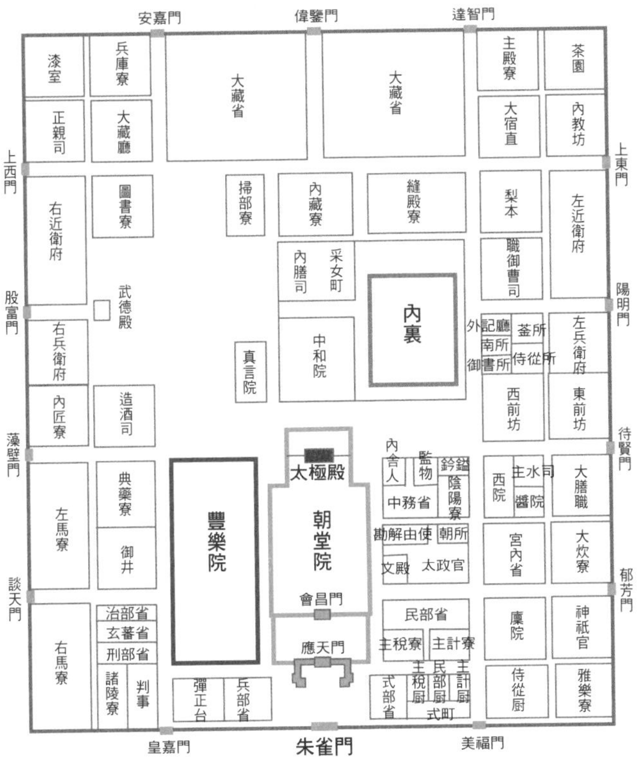

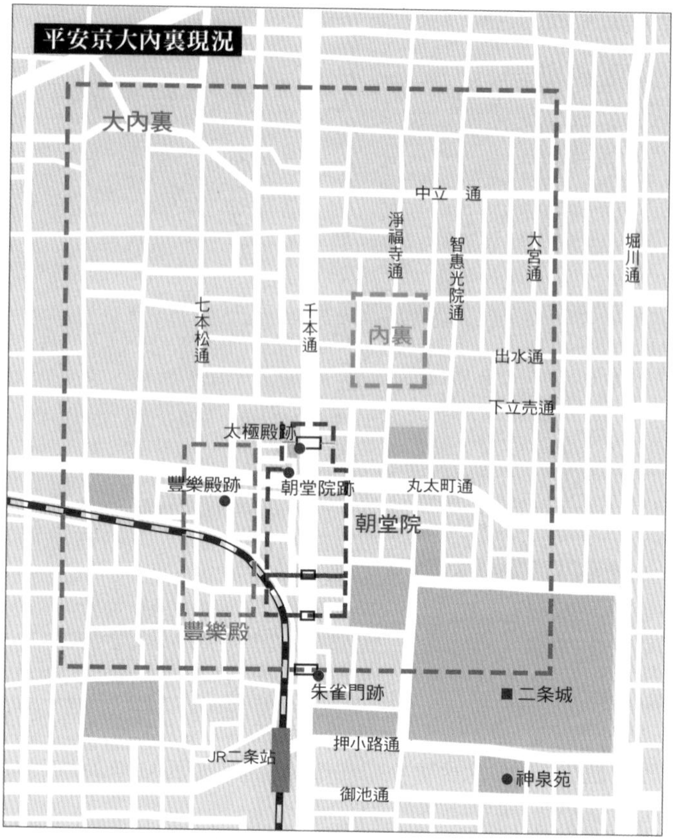

在千本通及丸太町通的交叉口這裡很難想像往日風華。一八九五年，為紀念平安京建都一千一百年，明治政府在岡崎一帶，模仿朝堂院建造了平安神宮，重現昔日的輝煌規模。平安神宮正門是以朝堂院的正門「應天門」為模型，神宮本殿仿朝堂院的核心太極殿所建，坐北朝南，兩邊呈環抱狀，左蒼龍樓右白虎樓。旅人到此遊覽時，通常會被宏偉的紅色宮殿及廣闊的白色細砂吸引住。當夕陽西下，只剩建築的天際線時，會讓人不由想到千百年前的平安宮。

神泉苑

大內裏東南角外原來是沼澤區，平安建都時利用這樣的地形為天皇建造了御花園「神泉苑」。神泉苑中有正殿乾臨殿，左右臨池邊有釣殿，建築之南是大池，池中有中島，東北方有小河流入池中，是座廣大的寢殿造庭園。不過桓武天皇似乎很少到此，於是成了平安貴族政務之餘打獵、釣魚、舟遊的樂園。爾後這裡也曾是皇家為民祈雨之所，乾旱時還開門讓民眾取水飲用。

平安時期的神泉苑北到現在二条通的延長線，南到三条通，東西各是大宮通及壬生通。到了平安末期因為水池污濁而荒廢。德川家康在建二条城使用了許多原來苑區的土地，再加上後來開闢道路及住宅的關係，現在神泉苑的大小只及最初苑區的十分之一，不過仍保有當時的水池及中島，稍稍可見昔日光景。

朱雀大路

出了大內裏朱雀門後，就是平安京最重要的道路朱雀大路。從平安宮朱雀門開始直到大門羅城門，長約四公里，路寬八十四米，是條名副其實的大路。

朱雀大路是居民生活及交通要道，也是一些官式活動的場所。天皇出巡時，會由平安宮經過朱雀大路南下出京；大將軍凱旋歸來時，會從朱雀大道北上謁見天皇；外國來使進京時，也會在寬廣的朱雀大路上，一步一步走向平安宮。此時八十四米寬的朱雀大路十足展現了平安王朝的恢宏氣勢。

朱雀大路後來因為平安京重心東移，也跟著屢次

神泉苑是平安時代天皇的花園。

朱印所

1-平安神宮，仿平安宮朝堂院而建。

2-千本通及丸太町通交叉口，路口東北角是太極殿正門位置。

3-太極殿遺跡。

4-朱雀門址。往南就出了大內裏範圍。

變遷。今日與朱雀大路對應的道路是千本通。在朱雀門跡以北的千本通原為平安宮大內裏的廣場，往北更因為要避開基準點船岡山而呈西北東南走向，與朱雀大路並無關係。因為有高架道路的關係，五条通以南的千本通略向東歪斜，並且在七条通之後中斷，過了鐵道後才又出現，卻有一些偏移。目前看來，在朱雀門跡及五条通之間的千本通與朱雀大道有高度重疊，但路的寬度已相去甚遠。

東鴻臚館及西鴻臚館

鴻臚館類似現代的迎賓館，主要是用來接待國外使節之用。平安京之前在各地早就有類似機構。平安建京時也在朱雀門北邊建鴻臚館，後來移到朱雀

西寺址。

東寺五重塔的天際線常被用來代表傳統的日本。

大路及七条大路交叉口（今千本通、七条通口）兩側，建立了東鴻臚館及西鴻臚館。

平安京的東、西鴻臚館後來主要是接待渤海及新羅的使節，兩國在十世紀中葉相繼滅亡後，東、西鴻臚館就失去作用而逐漸荒廢消失。現在在京都市島原角屋後方立有「此附近東鴻臚館址」石碑，但與實際位置有點距離。

東寺與西寺

東寺與西寺是桓武天皇在遷都平安後於延曆十五年（七九六）所建的兩座官寺。

桓武天皇遷都遠離平城京後，為避免南都佛教勢力再度侵入，下令在平城京的佛寺不可跟著遷到長岡京及平安京。平安京內禁止新建寺院，東寺及西寺成了平安京中僅有的新建寺院。二寺建在遠離大內裏的城市南邊，從城外的鳥羽大道北上，遠遠的就可以看見東寺和西寺，雄偉的建築頗有護衛王城之意味。

東寺因弘法大師空海入主，在當時就已經非常興

今日東寺、西寺與羅城門相關位置圖

盛。即使後來屢遭戰火燒燬，但靠著對弘法大師的信仰，總是能一再興起，至今仍是京都大寺。西寺則不然；在九九〇年及一二三三年二度燒毀後即未再重建。目前僅存一座石碑，在西寺兒童公園中。

東寺在這一千二百年中也曾遭破壞，但是寺內建築大多依照原有規格重建，因此現在看到的東寺，無論寺地大小或建築本身都與當時相去不遠。南大門、金堂、講堂、食堂呈一直線，都是平安時期既有的格局。五重塔位在主軸線東側，高五十四公尺。從京都車站往西南看去，矗立在一片現代建築中，相當醒目，它的天際線經常被用來代表這個一千二百年的古都。

東寺與西寺的命運不同，不禁令人想到「寺廟經營」這件事。「修行」固然是基本功，但「經營」也是同等重要，不論是一千年前或是現在，都是一樣。

羅城門

朱雀大路走到盡頭，就是平安京的正門羅城門。

羅城門的大小及外觀與朱雀門相近，兩邊有牆分隔城內外。但不像中國都城的正門，它沒有防衛功能，主要是做為平安京的門面，接送國外使節及遣唐使。平安中期，遣唐使停止，渤海及新羅使節也不再往來時，羅城門就失去功用，成了郊外一座城樓。之後羅城門日漸頹毀，九八〇年被颱風吹倒後就未再重建。一〇二三年，藤原道長建法成寺時，還把僅存的礎石搬走，平安京的大門從此消失於歷史之中。從建都開始，只維持了兩百多年。

在尚未完全倒塌之前，羅城門早已亂象叢生，不但是丟棄死屍的地方，附近尚且盜匪猖獗。芥川龍之介著名的小說〈羅生門〉取材自平安時代的民間故事《今昔物語》，深刻描述了當時羅城門傾敗的情景。故事描述羅門城上有個老婆婆正在拔取死人的頭髮，以便編織假髮賣錢。一個失業的下人出面痛斥這種不道德的行為。但在聽過老婆婆的說法後，轉念之間成了盜匪，搶走老婆婆的財物揚長而去。

羅城門因為這樣的混亂而產生許多奇聞異說。傳說城樓上住滿了妖魔鬼怪。有一天渡邊綱（在大江山消滅大妖怪酒吞童子而著名的源賴光屬下，四天王之一）從羅城門下經過時，住在羅城門上的鬼伸手要捉他，結果反而被渡邊綱砍斷手。

後代類似的傳說不少，羅城門似乎真的成了一個鬼怪聚集的地方。不過無論如何，這些妖魔鬼怪的傳說已成過去，現在的羅城門僅餘石碑一支，在九条通旁不顯眼的兒童公園中。

羅城門跡。

藥子之變：平安定都最後一役

桓武天皇在晚年的一次朝議中，曾與臣下討論繼續建設平安京及討伐蝦夷的問題（後世稱為「德政論爭」）。在聖武天皇時代，國家歲入二分之一以上用在建造佛寺；而在桓武天皇一朝，五分之三的歲入用在遷都及軍事方面。到了桓武晚年，國家財政嚴重惡化。桓武知道已經無法支應造都之事，於是下令停止造京，結束了長達二十多年遷都及造都事業。

停止造都三個月後，桓武就去世了，安殿親王即位，是為平城天皇。平城隨即迎藤原藥子進宮，封為「尚侍」，地位僅次於后妃，實際是天皇寵妃。

藤原藥子本是平城天皇妃子的母親，也就是他的岳母。因為陪女兒入宮，與當時的安殿親王有曖昧關係，最後遭桓武逐出皇宮。沒想到父親屍骨未寒，平城就急著把舊愛找回來。

藤原藥子再次進宮後，平城對她言聽計從，讓藥子及其兄藤原仲成在朝廷上作威作福數年。但由於健康欠佳，即位後四年平城就傳位給弟弟嵯峨天皇（八〇九），回到出生地平城京養病，是為上皇。藤原藥子所屬的藤原式家自此失勢，改由藤原北家掌權。

嵯峨天皇即位後，廢除了平城天皇時代的觀察使制度，觸怒了退隱的哥哥。上皇於是在平城京召集了一股勢力（主要是失勢的藤原式家），與平安京一樣，也經常發布命令，形成所謂的「二所朝廷」（平安京及平城京各有一個天皇及朝廷）。朝臣無所適從，經常不知道該不該接受這些命令。雙方對立愈演愈烈，上皇最後傳令將皇都遷回平城京。言下之意，就是要廢掉嵯峨，以平城上皇為正統。嵯峨思考數天後，拒絕了這項命令，並發兵阻止平城上皇前往東國舉兵。最後，事變結束，上皇出家，藥子服毒，仲成被殺。

旅人隨想

城市尋寶戰

京都千百年來的歷史，就像地底的泥土一樣，一層一層的往上堆積覆蓋，最後全部重疊於現在的這個空間中。漫步京都，這一步在室町時代，下一步可能就跨入平安時代。保存下來的，表現在寺院神社庭園屋宇。沒有保存下來的，就用石碑標示。

常常為了找一塊石碑，在同一地區來回徘徊。有些石碑很明顯，像西寺址碑就立在空曠的唐橋西寺公園中，想不看到還很難。但更多石碑，稍不注意就會錯過。結果，在京都找尋石碑就像是一場都市尋寶戰。

找石碑的樂趣在於，找到石碑時，附近的景物就會慢慢變化，從現代回到石碑所代表的那個時代、那個地方。

京都守護職屋敷碑（幕末）。

南蠻寺跡（室町時代）。

立在尋常百姓家門口的石碑。

夕顏之墓（平安時代）。

史學家認為這場政變的中心人物是藤原藥子，因此將這場事變稱為「藥子之變」。但也有人認為，整件事其實是嵯峨天皇與平城上皇，以及他們背後藤原北家及藤原式家之間的爭鬥，藥子不過是因為色彩鮮明，而被拿來當做代罪羔羊而已。

無論如何，藥子之變的結局阻止了平城上皇再度遷都回平城京，讓平安京穩固地成為日本的皇都。

都城自此定平安

平安京此後歷經平安、鎌倉、室町、安土桃山、江戶，最後是明治二年（一八六九）的東京遷都，總計一一八五年。

平安京建都者桓武天皇如今靜靜地躺在伏見桃山上的柏原陵。不遠的地方，是明治天皇的伏見桃山陵。不知道這位老祖宗會不會有事沒事就跟明治天皇嘮叨遷都東京這件事。

桓武天皇柏原陵。

旅人隨想

京都的墓地

京都市內有很多墓地，一般寺院後面可能就有墓園。廬山寺沒有紫式部墓，卻有很多其他人的墓，慶光天皇一家也埋骨於此。走在路上隨時可能看到墓地，旁邊甚至是現代化的高樓。

市內最有名的墓地，是從五条通和東大路交叉口大谷本廟旁小路上去的鳥邊野，從平安時代以來就是庶民的喪葬地。一大片墓地連綿到山上的清水寺。但是看起來整整齊齊，乾乾淨淨。

嵐山的二尊院多是大戶人家的墓，其中包括高瀨川開闢者京都富商角川了以的家墓。化野念佛寺也是京都一大墓地。還有相國寺的墓地，其中有足利義政的埋骨所。

遇到很多墓地，一路拍，拍到最後突然覺得，打擾過世的人好像不太應該吧！接下來到了紫式部的墓所，就只有拍拍外面的石碑。

五条通大樓旁的墓地。

推古天皇十一	六〇三	秦河勝建峰岡寺（今廣隆寺）。
天智天皇七	六六八	天智天皇即位。
弘文天皇元	六七二	壬申之亂，弘文天皇兵敗自殺。天武天皇即位。
天平九	七三七	山部親王（桓武天皇）出生。
神護景雲三	七六九	宇佐八幡宮神託事件。和氣清麻呂流放九州。
寶龜元	七七〇	光仁天皇即位。
寶龜三	七七二	皇后井上內親王及皇太子他戶親王被廢。
寶龜四	七七三	光仁天皇立山部親王為皇太子。
寶龜六	七七五	被廢的井上內親王及他戶親王同日暴斃。
天應元	七八一	山部親王即天皇位，是為桓武天皇。
延曆三	七八四	遷都長岡京。
延曆四	七八五	九月，藤原種繼暗殺事件。早良親王流放淡路島途中去世。
延曆五	七八六	天皇妃藤原旅子（擁立光仁天皇之藤原百川之女）生母過世。
延曆七	七八八	藤原旅子過世。 最澄建一乘止觀院，為比叡山延曆寺前身。
延曆八	七八九	征蝦夷軍大敗。 九月，右大臣藤原是公去世。 十二月，皇太后高野新笠（桓武天皇生母）去世。

延曆九	七九〇	三月，皇后藤原乙牟漏去世。九月，皇太子安殿親王臥病。十月，長岡宮建造人佐伯今毛人去世。 秋、冬兩季，天花流行，死亡甚眾。
延曆十	七九一	伊勢神宮火災。
延曆十一	七九二	春，二次遷都計畫開始。六月、八月、十一月，三次洪水，長岡京成災。
延曆十二	七九三	長岡京建設中止，開始建設平安京。
延曆十三	七九四	十月，遷都平安京。將山背國改名為山城國。
延曆十五	七九六	東寺及西寺創寺。
延曆十六	七九七	坂上田村麻呂受命為征夷大將軍。
延曆十九	八〇〇	追封早良親王為崇道天皇，恢復井上內親王皇后之位。
延曆二十四	八〇五	德政論爭，桓武天皇決定停止造京及征討蝦夷。 最澄創天台宗。
延曆二十五	八〇六	桓武天皇去世。安殿親王即位，是為平城天皇。 空海創真言宗。
大同四	八〇九	嵯峨天皇即位。
弘仁元	八一〇	藥子之變。
明治二	一八六九	明治天皇遷都東京，距桓武天皇遷都平安京，計一一八五年。

桓武天皇。

平安建都歷史風景簿

東大寺	奈良縣奈良市雜司町406-1（近鐵奈良線奈良站東行10分鐘）
藥師寺	奈良縣奈良市西ノ京町457（近鐵橿原線西ノ京站南行2分鐘）
唐招提寺	奈良縣奈良市五条町（近鐵橿原線西ノ京站北行5分鐘）
興福寺	奈良縣奈良市登大路町48番地（近鐵奈良線奈良站東行2分鐘）
平城宮跡	奈良縣奈良市佐紀町
長岡宮跡	京都府向日市雞冠井町（阪急嵐山線西向日站北行5分鐘）
護王神社	京都市上京區烏丸通下長者町下ル櫻鶴圓町（地下鐵烏丸線丸太町站北行5分鐘，京都御所蛤御門前）
廣隆寺	京都市右京區太秦蜂岡町32（京福電鐵嵐山線太秦廣隆寺站）
比叡山延曆寺	滋賀縣大津市坂本本町（京阪石山坂本線坂本站）
狸谷不動院	京都市左京區一乘寺松原町
赤山禪院	京都市左京區修學院開根坊町
猿之辻	京都御所東北角
上賀茂神社	京都市北區上賀茂本山339
下鴨神社	京都市左京區下鴨泉川町59
上御靈神社	京都市上京區上御靈前通烏丸東入（地下鐵烏丸線鞍馬口站東行2分鐘）
藤森神社	京都市伏見區深草鳥居崎町609（京阪本線北行5分鐘）
大將軍八神社	京都市上京區一条通御前通西入3丁目西町55
平安宮太極殿跡	京都市中京區千本通丸太町上ル一筋目西入
平安宮豐樂院址	京都市中京區丸太町通七本松東入
平安宮朱雀門址	京都市中京區千本通押小路上ル東側
平安神宮	京都市左京區岡崎西天王町97
神泉苑	京都市中京區御池通神泉苑通東入（地下鐵東西線二条城前站西行2分鐘）
西寺址	京都市南區九条通七本松西寺兒童公園
東寺	京都市南區九条町1（京都車站南出口西行8分鐘、近鐵京都線東寺站西行3分鐘）
羅城門跡	京都市南區九条通新千本東入羅城門町（東寺大門口西行3分鐘、近鐵京都線東寺站西行7分鐘）
桓武天皇柏原陵	京都市伏見區桃山町永井久太郎（近鐵京都線丹波橋站、京阪電鐵丹波橋站下車沿丹波橋通東行15分鐘）
明治天皇桃山陵	京都市伏見區桃山町古城山（桓武天皇柏原陵東行5分鐘）

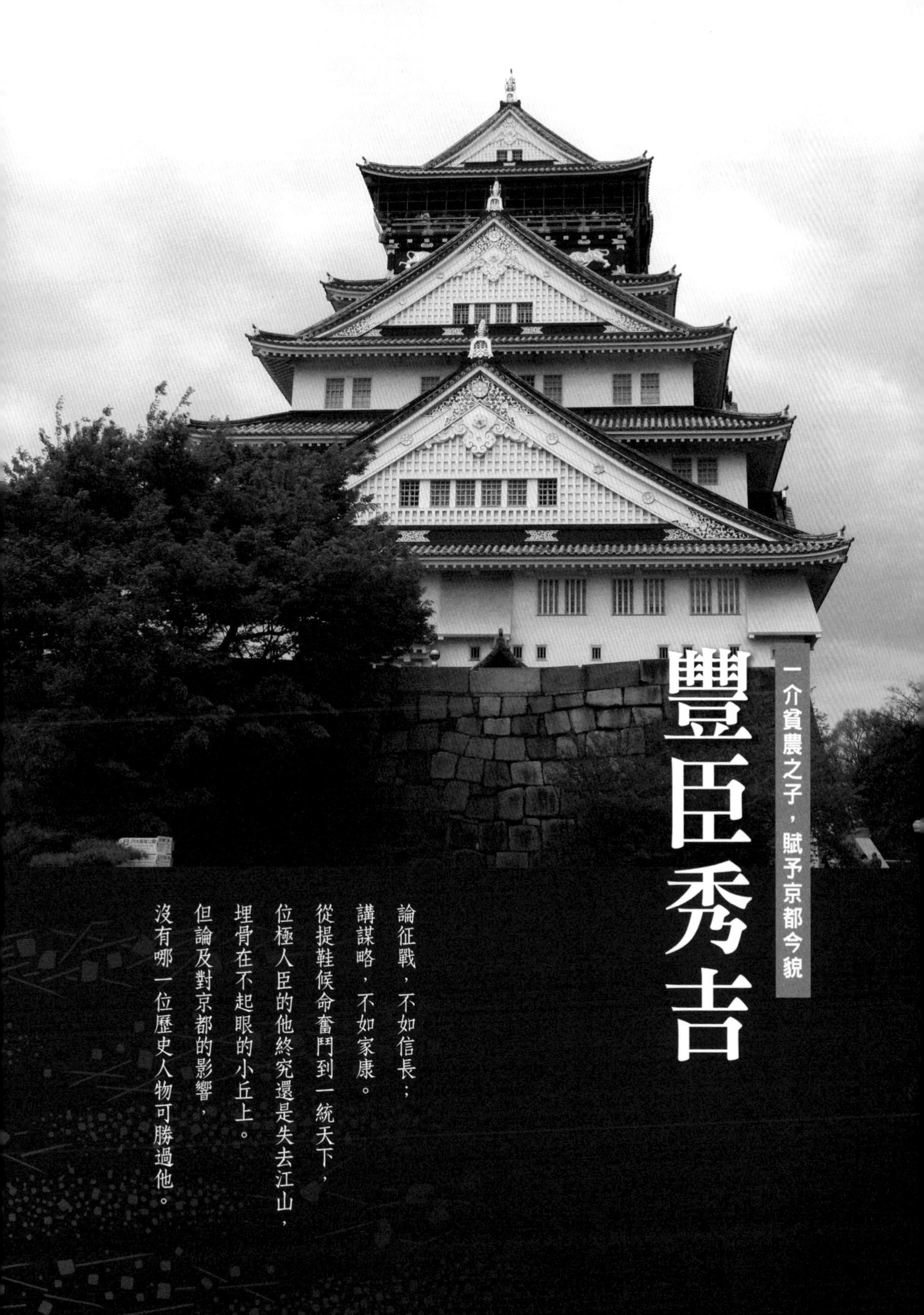

豐臣秀吉

一介貧農之子，賦予京都今貌

論征戰，不如信長；
講謀略，不如家康。
從提鞋候命奮鬥到一統天下，
位極人臣的他終究還是失去江山，
埋骨在不起眼的小丘上。
但論及對京都的影響，
沒有哪一位歷史人物可勝過他。

重建的大坂城，已不見昔日烽火傷痕。

東山七条是個忙碌但寧靜的地方。從京都車站到清水寺，最方便的方法是搭巴士走七条通，在東山七条左轉東大路通。也可以在這個路口右轉往枯山水名所東福寺，或者在前一站下車，拜訪壯觀的三十三間堂。這個地方車水馬龍，但是平常只有到智積院的遊客會在這裡停留。

智積院旁和妙法院之間有條路通往山上，京都人暱稱為「女坂」，道旁女校林立，早晨上學時分，可以看到從小學到大學的京都女生。走在其中，一時讓人迷失方向。不過女坂的經歷只能當做美麗的過程，我的目的地在更上方的阿彌陀峰。

這年，我沿著女坂往上來到稱為豐國廟的地方。說它是廟，卻不見京都常有的古樸寺院或雄偉的建築。入門料金才五十日元，可能因為太早到了，沒人看守，自由投入。之後，走過長長數百級十分累人的階梯後，終於來到阿彌陀峰頂。只不過眼前景象讓人有些意外。

在這長寬不過三十公尺的峰頂上，不見東照宮，

從七条通東望阿彌陀峰。

不見眼貓三猿。那個在本能寺之變後為主君報仇的猴子，那個統一日本、建立近世日本基礎的豐臣秀吉，最後竟只埋骨在這個半大不大的五輪塔下。

一路往上爬的貧農之子

秀吉在天文六年（一五三七）出生於尾張國愛知郡中村（今名古屋市中村區），小織田信長三歲。父親木下彌右衛門是信長之父織田信秀屬下的一名低階士兵（另有一說只是一名貧農，但是當時低階士兵多半也是農民，秀吉的父親可能是半兵半農的士兵）。八歲時，父親去世，母親改嫁。秀吉和繼父似乎處得不好，最後只好進入光明寺當小和尚。十五歲時，到今川家的家臣松下加兵衛家中任職，但受同儕排擠而離開。十八歲時（一五五四）投入織田信長家。

秀吉在織田家一開始只是個做雜務的僕役。由於長相奇特，還被戲稱為「猴子」（這個外號跟隨他一生，即使功成名就，一些看不起他的人還是會在背後稱他猴子）。即使如此，但是秀吉生性機靈，勇於任事，而且能屈能伸，很能忍受信長的脾氣，因此逐漸受到信長的重用。

秀吉第一次參加戰鬥是永祿三年（一五六〇）的桶狹間會戰，當時只是一名足輕組頭（步兵小隊長）。在這一場會戰中，織田信長以三千兵力擊敗東海大名今川義元的二萬五千大軍，從此名震天下。

此後，秀吉一路建功，信長一路拔擢。永祿七年（一五六四），秀吉第一次帶兵攻打東美濃建功。永祿九年（一五六六），在信長攻打美濃國時，秀吉在墨俁一夜築城，成為戰勝的主因（也有一說此事為後人杜撰）。永祿十一年（一五六八）信長進入京都扶植足利義昭為將軍時，秀吉已經因為戰功成為信長軍中重要部將。天正五年（一五七七），秀吉已經是織田軍團的軍區大將之一，受命前往中國地方攻打西日本勢力最大的毛利元就。

秀吉全力進攻，當時他最大心願可能只是打敗毛利軍，讓主君信長高興，可以再封給他多一點領地和賞賜。不過一樁突發的事件卻改變了他的一生。

從本能寺之變到一統天下

天正十年（一五八二）六月二日，同屬織田軍團的明智光秀在受命前往備中支援秀吉時，突然在京都發動叛變，攻擊住在本能寺的織田信長。信長於烈火中自殺，戰國情勢驟然大變。

此時，遠在備中高松城作戰的秀吉一得到這個消息，立刻與敵對的毛利家談和，並且在六日之內急行二百多里（著名的「中國大返卻」）回到山崎，與明智光秀展開決戰。秀吉知道這是全有全無非生即死的一戰，在他路過大本營姬路城時，就將城中財物全部分給部屬，把所有一切押在這一場戰役上。果然，山崎一戰，秀吉大敗明智光秀，開始往統一天下之路前進。

本能寺之變平定後，織田信長的眾部將在已逝主君的故鄉清洲舉行會議（清洲會議）。出席的有豐臣秀吉、柴田勝家、丹羽長秀及池田恆興等織田家重臣。秀吉為主君報仇，而且事前做足準備工作，因此在會議中主導全局，壓過了主要對手柴田勝家。最後決定由信長不到三歲的嫡孫三法師繼位，而且幾乎一半以上舊織田家的領地都落入秀吉及其同盟手中。

織田家族及柴田勝家對於這些決定非常不滿，秀吉擺明了就是要利用三法師年幼無知，掌控信長留下的事業。於是信長的兩個成年兒子信雄及信孝，

本能寺之變改變了豐臣秀吉的一生。

分別聯合德川家康及柴田勝家，對抗秀吉。

從天正十一年（一五八三）到天正十八年（一五九〇）的八年之間，是秀吉征服各地大名、統一日本的時期。天正十一年四月，秀吉在賤岳之戰中大破最大勁敵柴田勝家，卻在隔年的小牧．長久手之役中敗給德川家康及織田信雄的聯軍。最後秀吉與信雄、家康談和收場，日本核心的關西部分全在秀吉掌控之中。

秀吉後來在天正十三年受封為內大臣、關白，並且平定四國的長宗我部元親。十四年，受天皇賜姓「豐臣」，改名豐臣秀吉，並任太政大臣，十五年平定九州，十八年滅北条氏及平定奧羽。至此，秀吉終於統一日本，成就超越了主君織田信長。

「兵農分離」「檢地」「刀狩」

織田信長、豐臣秀吉、德川家康三代，是日本由中世轉型到近世的過渡時期。信長在世時，到處開疆闢土；到了家康時期，天下已經底定。居中的豐臣秀吉，正是這段轉型期中最關鍵的一段。

在統一天下的過程中，秀吉先後實施了「兵農分離」「檢地」「刀狩」「樂座樂市」等政策，徹底改變了長久以來日本社會的基層架構，把日本從戰國帶進平和安定的社會。

旅人隨想

秀吉的名字

豐臣秀吉幾度改姓換名，過程之曲折就像他從一無所有到統一天下。幼名「日吉丸」。在松下加兵衛門下時自稱「木下藤吉郎」。在織田信長帳下，曾以「秀吉」或「木下藤吉郎秀吉」署名。一五七三年，受封為近江國今濱城（後改名為長濱城）城主時，改名「羽柴秀吉」，此姓乃取丹羽長秀及柴田勝家姓氏中各一字合成，此時他的地位還在二人之下。一五八五年為了就任關白，姓氏改為大臣中最尊貴的「藤原」。翌年就任太政大臣時，由天皇賜姓「豐臣」，從此名為「豐臣秀吉」。

這些政策中最重要的是兵農分離。所謂的「兵農分離」，簡單的說就是兵農專業分工。軍人專心作戰，農民專心耕種，軍人及農民各司其職、各有專業。

日本社會自從莊園制逐漸發展後，各地莊園主及農民為了保護自己的土地，紛紛組織武力，最後形成武士團，大的武士團甚至能奪取中央政權。在武士團中，除了高階武士外，大部分低階士兵平時是農民，到了戰時才接受徵召上陣（秀吉的父親可能也是）。這種半兵半農的方式缺點是軍隊動員速度慢，尤其是農忙時期更是如此。更慘的是軍隊素質較差，有時招來的可能是雜兵或流民，在戰場上根本不堪一擊。但半兵半農卻是當時的社會習慣，許多大名交戰還刻意避開農忙期，以免找不到人。

這種限制時段的作戰方式，顯然無法應付日益頻繁的戰事。到了戰國後期，一些大名開始實施兵農分離政策，維持一支專業的常備軍隊保護領地內的農民，農民則專事農務，成為軍隊的經濟基礎。兩

相配合之下，動員作戰更有效率，軍隊更具專業。

織田信長是戰國大名中實施兵農分離政策最成功的一個，擁有迅速且能長期作戰的部隊，是他能擊敗其他大名的主要原因。秀吉繼承此一政策，在征服各地的過程中持續實施兵農分離。兵農分離不僅讓他們有一支可有效動員的常備軍隊，後來更讓整個社會明確分成武士及非武士階級，對日本社會影響甚鉅。

與兵農分離有關的政策是「檢地」及「刀狩」。所謂檢地，就是測量田地的面積及收穫量，以做為徵稅的基礎。天正十年（一五八二）秀吉開始實施檢地政策。秀吉每征服一地後，就實施檢地。這項政策讓秀吉能了解當地經濟狀況，前線征戰時，能得到後方及時的經濟支援。此外，檢地政策否定了長久以來中間人的權利，直接向農民徵稅，提高了農民生產的誘因，進一步強化了兵農分離的政策。檢地政策也不是始於秀吉，但在秀吉一代實施得最徹底、範圍最廣，後世將這段時間的檢地稱為

擁有迅速且能長期作戰的部隊對戰爭至關緊要。圖為長篠之戰圖屏風（局部）。

「太閤檢地」。

另一項強化兵農分離的政策是「刀狩」。秀吉在天正十六年（一五八八）下達〈刀狩令〉，明令農民皆須交出所有的武器，沒收以做鑄造方廣寺大佛之用。

日本自從莊園制開始盛行以來，莊園領主、寺院甚至一般農民，為了保護自己的土地，大多擁有不少武器。小到莊園之間的私鬥，大到大規模的武裝暴動，這些民間私有的武器都成了發動戰鬥的基礎。〈刀狩令〉解除了軍隊以外農民、寺院的武裝，確立了軍人是唯一可以合法擁有武器的階級，讓其他階級（農民、僧人、商人）專心從事他們該做的事。

以兵農分離為主的各項政策，強化武士與農民之間的專業及階級，到了江戶時代甚至形成士農工商的四民階級（士指武士），對日本社會結構影響深遠。有歷史家認為，兵農分離的各項政策改變了日本長久以來的社會習慣，是日本中世社會與近世社會的分水嶺。

不過在秀吉時代擔心的並非階級問題。天正十八年天下局勢底定後，軍隊人數過大，一時成了尾大不掉的問題。為此，秀吉發動了征韓之戰，沒想到最後卻養大德川家康。

「京都大改造」，皇威再現

兵農分離政策另一個影響是大名居城及城下町的發展。

在兵農分離的政策下，戰國大名必須將家臣召集至自己居城的周圍，以便戰爭時能迅速動員。除了家臣，提供生活所需的商家以及寺院神社等也都會遷到城下町。大批家臣、士兵以及商家的移入，集中的人口直接促進了工商業繁榮，城下町於是成為領國之內最重要的城鎮。秀吉在統一天下的過程中也在各地興建居城及城下町。他建設的三個最大居城是京都、大坂和伏見。

京都古來就是天皇居所、武士祖先所在、信仰中心、文化中心。即使天皇大權旁落，武士來來去去，也無損京都在日本人心中的地位。有實力的人也要能立足京都，才會被天下眾人認可。要成為天下人的秀吉當然知道京都的重要性。

天正十四年（一五八六），近畿大勢底定後，秀吉開始進行他的「京都改造計畫」。這當然是為了顯示秀吉已經是天皇及公家的監護人，是所有武士大名的共主。京都在應仁之亂時遭到嚴重破壞，一直到秀吉的京都大改造之後，才又恢復成皇都的模樣。秀吉所建設的這座皇都，爾後成了現代京都的基礎。

秀吉的京都大改造計畫主要有四個項目：「聚樂第」（一五八六）、「寺町通」與「短冊型地割」（皆為一五九〇）以及「御土居」（一五九一）。另外還有以聚樂第為中心所建的武家町、為天皇改建京都御所、以御所為中心修建公家町，以及建造方廣寺等。其中很多建設已經消失，但也有一些遺跡至今都還留存在京都市內。

城下町的發展是兵農分離政策下的產物，圖為名古屋的城下町。

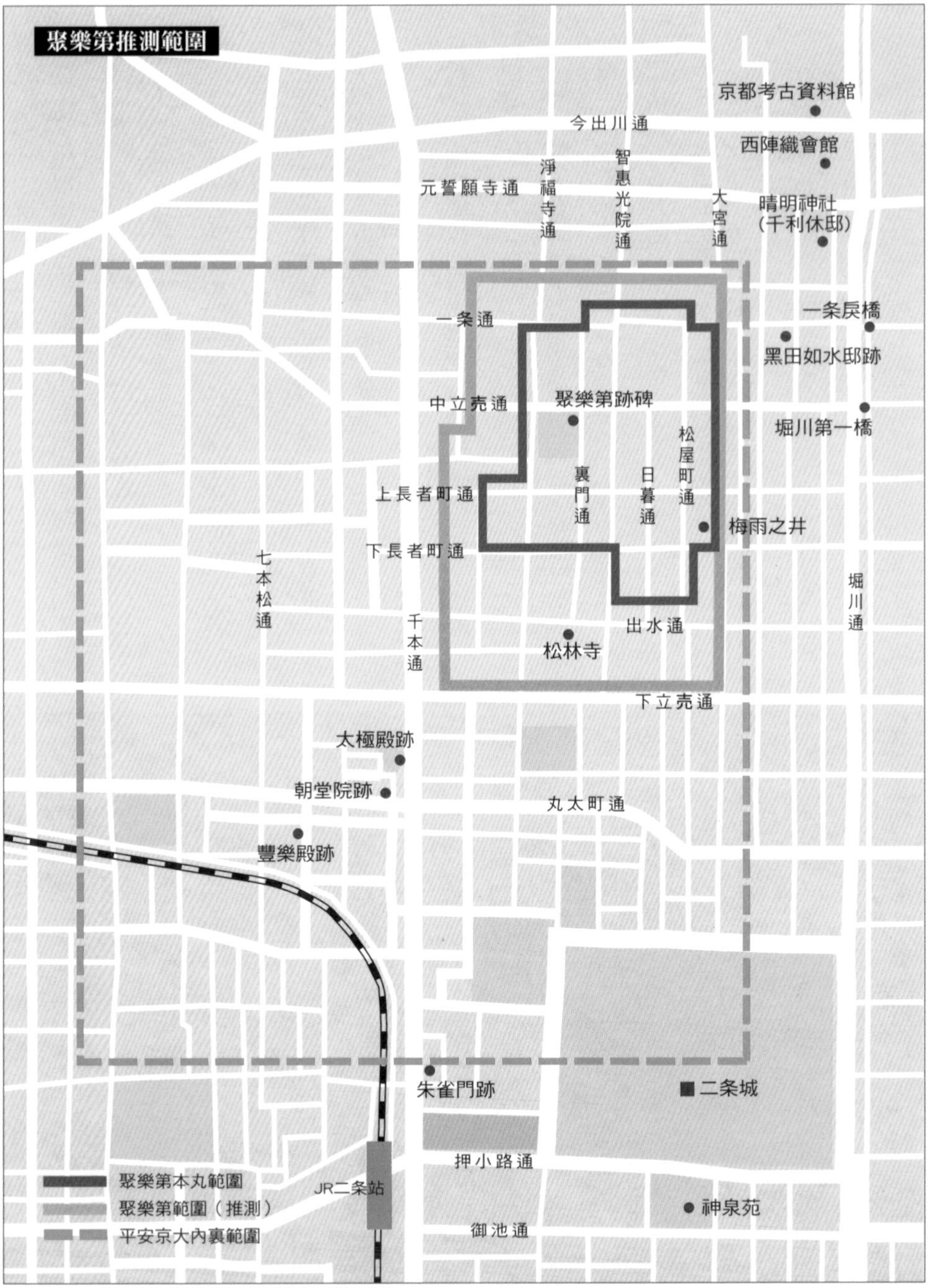
聚樂第推測範圍
京都考古資料館
今出川通
西陣織會館
淨福寺通
智恵光院通
元誓願寺通
大宮通
晴明神社
(千利休邸)
一条通
一条戻橋
黑田如水邸跡
中立売通
聚樂第跡碑
堀川第一橋
松屋町通
裏門通
日暮通
上長者町通
梅雨之井
下長者町通
七本松通
堀川通
千本通
出水通
松林寺
下立売通
太極殿跡
朝堂院跡
丸太町通
豐樂殿跡
朱雀門跡
二条城
押小路通
JR二条站
聚樂第本丸範圍
聚樂第範圍（推測）
平安京大內裏範圍
神泉苑
御池通

聚樂第

天正十四年（一五八六）二月，就任關白已半年的秀吉，開始在平安京大內裏原址的東北區建造官邸。

大內裏原來是平安京建城時天皇辦公及居住的地方，因為天災人禍，年久失修而荒廢，成了所謂的「內野」（城內的荒野）。秀吉選擇在此建造官邸，無非是為了向天下人展示自己的權力。

取名為「聚樂第」的官邸在天正十五年（一五八七）九月完工。之後，秀吉就將行政住所由大坂移到聚樂第。此外，秀吉也在周邊為各個大名建立官邸，形成武家町。

聚樂第的範圍據估計周圍長約二公里。東起今日的大宮通，西至千本通，北起一条通，南至出水通（也有不同的說法，但各家推定大同小異），面積大約如現在的京都御所。如將各大名宅邸也包含在內，則面積更廣。城內有本丸、二之丸，還有天守（從他的主君織田信長那邊學來的），城外則有護城河。與同時間建造的大坂城相比毫不遜色。

為展現聚樂第的豪華氣派，秀吉在竣工之後的第二年四月十四日，邀請後陽成天皇臨幸聚樂第。據說這場盛會欲罷不能，開了五天才結束，可見當時的盛況。這場盛筵固然是為了誇耀秀吉的豐功偉業，但也展現了平和歡樂的景象，對長年處於戰亂的京都人民起了很大的鼓舞作用。

除了為自己興建聚樂第，秀吉也大肆整修京都御所，並且以御所為中心，為公卿貴族廣建宅邸，形成公家町。

就這樣，以聚樂第為中心的

後成陽天皇臨幸聚樂第時經過的堀川第一橋，重建於明治六年（一八七三），頗具特色。

武家町，以及以京都御所為中心的公家町並列於上京一帶，京都人民看到了久違的繁榮景象。

只可惜數年後人事生變，聚樂第遭到毀滅性的破壞。

天正十九年（一五九一），秀吉將關白的位子讓給外甥豐臣秀次，並將聚樂第讓給秀次做為辦公及居所之用。這樣的舉動，其實是向天下昭告秀次是他的繼承人。不過到了文祿四年（一五九五），秀吉和秀次的關係因為秀賴的出生而急轉直下。秀吉以意圖謀反的理由令秀次自殺於高野山。之後，秀吉就拆毀聚樂第及周邊的大名宅邸，並將拆下的建材移往伏見，建設伏見城及其城下町。聚樂第從起建、興盛到拆除，不過短短十年。

此後聚樂第煙消雲散，原址現在是一片民家，已看不出當年模樣。目前在京都市上京區裡門通中立売西南角（正親小學）立有「此附近　聚樂第址」的石碑，標示這座大城的位置。

聚樂第遺址碑。

寺町通

寺町通位在鴨川西側，北起紫明通，南至五条通。從寧靜的寺院到京都最繁華區域，景致變化萬千。

寺院勢力自古以來就是當權者頭痛的問題。戰國時期，一些大名為了剷除寺院勢力，曾發動許多慘烈的燒殺事件。織田信長在比叡山延曆寺，豐臣秀吉在根來寺，都曾發動大規模的清剿行動，打擊宗教勢力。

秀吉在平定本能寺之變進入京都時，京都境內的

寺町通地圖

寺院還散布各處。當時經過戰國大名的燒殺，寺院勢力已經大減，但對當權者及京都治安而言，依舊是潛在的威脅。天正十八年（一五九〇），秀吉下令京中大部分寺院移至現在的寺町通（主要是淨土宗寺院），以及船岡山附近的寺之內通（主要是法華宗寺院）。

秀吉把這些寺院集中有幾個目的。一來將寺院與一般商家分開，可削弱寺院對這些商家的影響力。二來，寺院集中，有助於徵稅及管理。另一個更重要的理由是京都防衛。寺之內通及寺町通的寺院布建完成後，在京都北邊及東邊各形成一道防線，寺院建築群可以阻擋由北方及東方來的敵人。在御土居完成之前，寺之內通及寺町通就是京都御所及京都商業區外圍的重要防線。

今日在寺町通上還可見到許多當時移到此處的古寺。因本能寺之變而燒燬的本能寺，在秀吉改造寺町通時移到現址，以《源氏物語》作者紫式部宅跡聞名的廬山寺也在寺町通上，其他有名的寺廟如應仁之亂發生地的上御靈神社。

集中在寺町通的寺院，經秀吉大力資助，也逐漸

府社 下御靈神社
御神燈
御神燈

知恵学問商才
錦天満宮

大本山本能寺
織田信長公御廟所

1- 下御靈神社。
2- 位在寺町通寧靜路段上的廬山寺。
3- 重建後的本能寺也移到寺町通。
4- 錦天滿宮，位於熱鬧的商店街區。
5- 京都數一數二的寺町通商店街。

形成繁榮的商業區。與寺院有關的商店如佛具店、石塔屋、牌位屋、筆屋、扇屋等，紛紛在此聚集。直到現在，仍能在寺町通上的百年老店感受到當時的繁榮景象。

短冊形町割

短冊形町割（「天正地割」）是秀吉為提高京都土地利用率所實施的計畫，所謂「短冊」就是長方形的意思。平安京建立時，桓武天皇仿唐朝長安城的街道模式，將全境以道路分割為一個個正方形的「町」，後續演變成四周是建築物、中間留有很大空地的四面町。

天正十八年（一五九〇），秀吉開始在一些町的中間開闢南北向道路，將正方形的區域轉變成南北長、東西短的長方形區域，使得原來町內部的空地能直接面對道路，可以建造商店或居所，有效利用了這些空地。

新闢道路大約在東起寺町通、西至大宮通、北端丸太町通、南端五条通的區域內。當年新闢的道路

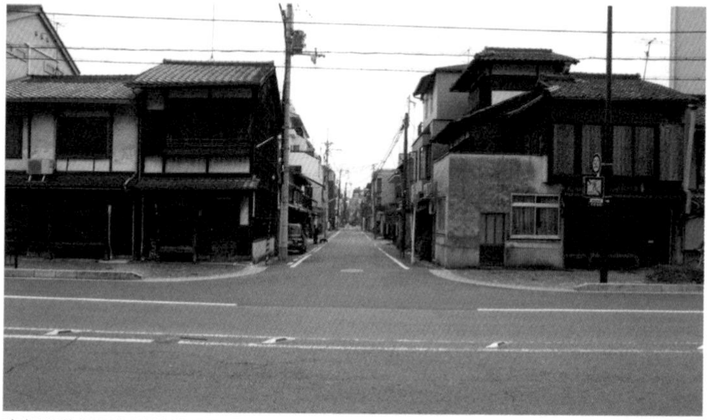
京都御苑堺町御門前的堺町通，是天正地割後新闢的街道。

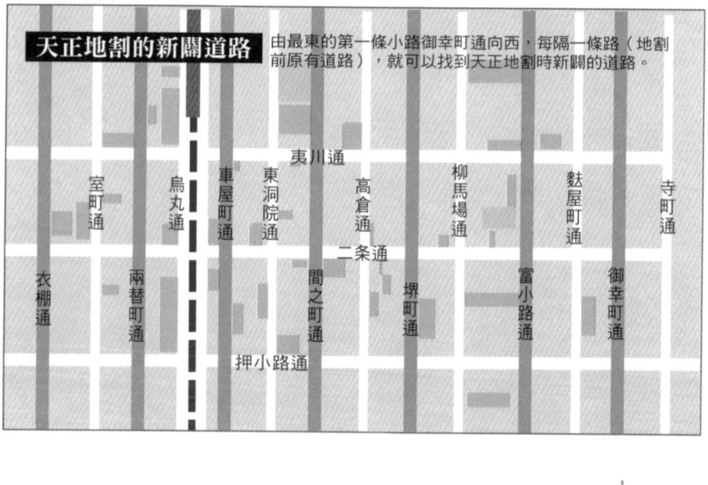

一直留存到現在，變化不大。

御土居

在秀吉的京都改造中最令人玩味的，大概就屬圍繞京都市區的「御土居」。

當初桓武天皇建都平安京時，雖然模仿唐朝長安的城市規劃，但是並沒有隨之建立城牆，只以道路劃出城市的範圍。天正十九年（一五九一），在其他建設次第完成後，秀吉在京都外圍建立了類似城牆的土堤「御土居」。

御土居總長約二十二公里，底部約二十公尺，高約五公尺，土堤上部寬約五公尺。外圍有河道，寬約十多公尺，最深四公尺。看起來不像城牆，反倒類似現代建在河邊的堤防。秀吉並在重要之處設置出入口，管制人員進出。其中在粟田口外鴨川上建造的三条大橋，是東海道的起點。

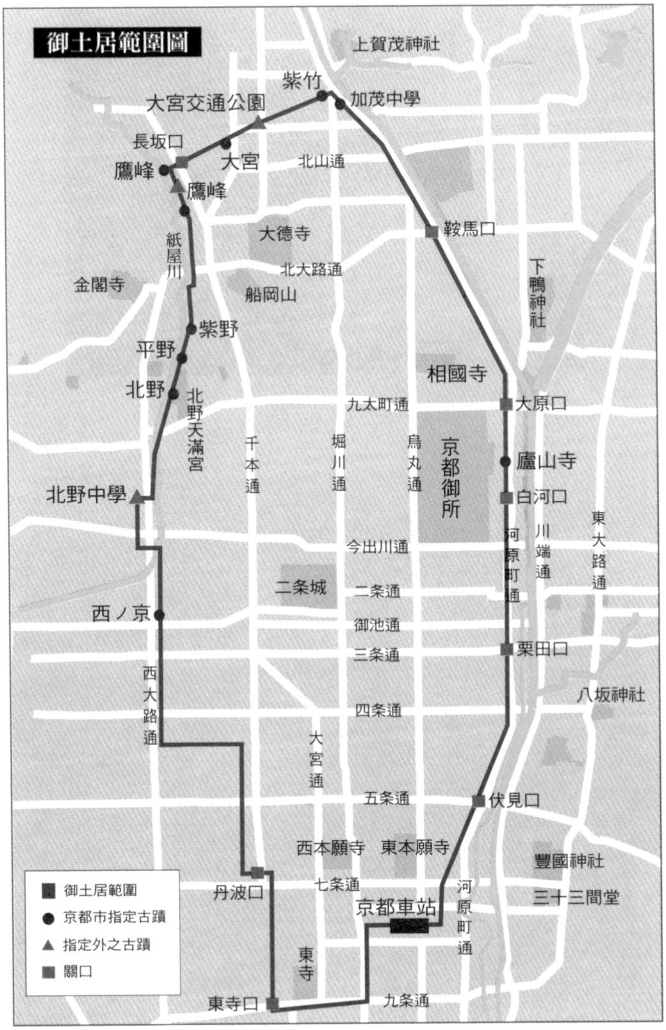

北野橋天神川右岸的御土居舊址如今樓房林立。

廬山寺御土居，臨鴨川河原，有預防水患之用。

平野御土居，大概是現存御土居中整理得最好的一段。

御土居的建造同時也改變了京都地區的劃分法。平安京建立時，將京都以朱雀大道分為「左京」及「右京」，其後左京繁榮，右京衰敗。應仁之亂後，整個京都形成南北兩個聚落，稱為「上京」及「下京」。秀吉建御土居之後，御土居包圍的範圍稱「洛中」，之外稱為「洛外」。

以中國的標準來看，御土居實在稱不上城牆，但在日本，將城市以如此方式圍起已是相當少見了。秀吉建立御土居的動機至今不明，最普遍的說法是為了抵禦外敵及預防水患。因為御土居東邊臨鴨川河原，西邊是紙屋川（天神川），預防水患一說有可信之處。

此外，雖然土堤不高、護城河不夠深，要抵禦外敵可能有點牽強，但是所有人進出京都都要經過出入口，則有助於維持城內的治安。另有一說是，秀吉懷疑織田信長是因為朝廷公卿暗通明智光秀而死於本能寺。為了控制天皇及公家的行蹤，於是建立土堤並控制出入口以防止他們與其他大名往來。

秀吉死後，御土居漸漸荒廢，但至今仍留有許多遺跡。目前京都市中留有十二座，其中九座已被指定為京都市指定史跡。旅人較易順道一訪的是廬山寺、平野及北野的御土居。

廬山寺御土居在寺後的河原町通西側，離京都御所清和院御門很近。北野御土居位在北野天滿宮西側天神川旁。平野御土居在北野天滿宮後門沿著天神川往北走不遠處，土堤之下有一些小石佛，土堤上是鮮綠的草皮，是整理得最好的土居。

一般旅人進入京都的門戶京都車站，以往也是御土居經過的地方。御土居恰好沿京都車站的三棟建築以東

京都車站往昔也是御土居的經過的地方。

西向經過。站在現代化的京都車站前，想像當年御土居的模樣，予人奇妙的感覺。

地子免除

秀吉在京都積極建設的另一個重要政策，就是天正十九年（一五九一）的「地子免除」。

秀吉之前的時代，京都市內的土地大部分屬於寺院神社或公卿貴族所有，一般居民通常只有房屋所有權，必須向地主繳納土地使用費（「地子」）。秀吉在天正十九年下令免除京都居民住宅用地的使用費，這項政策等於將京都土地收歸國有，否定了原來地主的權利。不過秀吉也以京都郊外的土地做為補償，降低了地主的反彈。這項措施成功吸引各地人民流入，使京都人口大增，帶動了工商業的發展。

戰國時期的京都是一個由上京、下京、北野、清水寺門前町、祇園町、東寺門前町這六個分散聚落組成的地區。與桓武天皇建都時集中式的都市相比，當時的京都因為戰亂，嚴重倒退縮小。秀吉的京都改造計畫以御土居圍起這些聚落，實施一連串建設，吸引人口進駐到半月形的御土居之內。後世京都就以御土居所圍的區域為基礎，逐漸往近代城市發展。從本能寺之變到豐臣秀吉去世不過短短十六年，然而在這期間秀吉對京都的影響卻是既深且遠。

天下之城大坂城

天正十一年（一五八三），本能寺之變發生次年，秀吉進入大坂，開始召集各路大名，興建他的天下之城——大坂城。

明治時代以降，才將寫法定為「大阪」。其因有二說：一為公務員筆誤，一為原用「坂」字近乎「士反」，武士造反兆頭不祥，因而改之。大坂城原址是淨土真宗本願寺的總寺「石山御坊」。應仁之亂時，本願寺的八代宗主蓮如在大坂城現址建立佛堂石山御坊；石山御坊後來成為淨土真宗本願寺的總寺。織田信長上洛後，本願寺加入足利義昭陣

大坂城東外堀。

大坂城南外堀。

從櫻門外所見之天守閣。

大坂城天守閣，重建於昭和三年（一九二八）。

營，成為信長包圍網的一員。天正八年（一五八〇），信長以鐵甲船成功斷絕了本願寺與毛利軍的聯繫，本願寺陷入孤立。最後在天皇調解之下，本願寺退出石山，石山及大坂自此納入信長的勢力範圍。

大坂成為秀吉心目中的首都有其道理：西臨大阪灣，從大坂經過瀨戶內海可以到達日本西部、中國及朝鮮各地，向東則可以利用淀川往上到達京都，交通十分便利。此外，大坂位在淀川流域下游，土地富庶，人口眾多，經濟力強，是成為首都的重要條件。

大坂城所在的上町台地，東、西、北邊不是河川就是低地，形成天然障礙。在秀吉之前，信長花了十年時間進攻這個地方，最後才以講和的方式讓本願寺徒眾退出，可見此地難攻之一斑。

在秀吉之前，信長早就看上大坂的良好條件，準備在石山本願寺原址建立織田政權最終基地。可惜在取得這個地方後兩年，本能寺之變發生，信長來

大坂城南外堀，雄偉氣勢，日本第一。

不及實現他的構想。

大坂城在天正十一年（一五八三）開始興建，直到秀吉死之前都還在擴建。在此十六年間，秀吉將此地做為統一天下發號施令之處。秀吉在此接見各地大名、德川家康，以及明朝派來的使節，也在此下令出兵四國、九州及朝鮮。

從規模看，大坂城遠遠超過織田信長的安土城，由此亦可窺知秀吉超越主君的心態。可惜的是，秀吉死後，豐臣家後繼無力，再堅固的城池也不敵政治現實。

豐臣家滅亡後，元和五年（一六一九）德川幕府重建大坂城，取代伏見城做為幕府控制西日本的中心。德川幕府重建殿舍，拓寬護城河後，大坂城的規模及外觀已經和豐臣時期相去甚遠。現在所見的大坂城大部分是此時重建的，

旅人隨想

水泥寺社

參觀了許多京都寺院神社後，有一次去大阪參觀四天王寺。四天王寺歷史有千年之久，可能是大阪最古老的，而且比京都大部分寺院年代都還久遠。出發前有些期待，孰料抵達時才發現竟是鋼筋水泥建物。這種感覺就像看過姬路城後，再去大阪城天守閣一樣。

京都大概沒有哪家寺社的主要建築，膽敢用鋼筋水泥來重建吧！即使經過火災、蟲害、自然損傷或人為破壞，即使知道修好了未來可能還有同樣的問題，還是沒有人想用這種一勞永逸的方法整修吧！一方面可能是京都人有一種對傳統的堅持，另一方面可能是因為，當碰觸到鋼筋水泥柱子時，千年古寺馬上會變成十年的新建築，讓人馬上打消心中的思古幽情。

話說回來，不知道在京都有沒有這種鋼筋水泥寺社？

大阪一心寺，現代感十足的仁王門。

但奇怪的是，一提及大坂城，大部分人還是會想到豐臣秀吉，而不是德川幕府。個中緣由，令人玩味。

伏見城：最後的居城

相對於京都及大坂，對秀吉而言，伏見可能是比較覺得輕鬆悠閒的地方。

文祿元年（一五九二），將聚樂第讓給豐臣秀次的第二年，秀吉開始在伏見臨宇治川的指月之岡動工，最初的目的是用來做為隱居的別莊。隔年因為秀賴出生，秀吉於是將別莊改建成較堅固的城堡。文祿五年（一五九六）閏七月發生大地震，城中大部分建築遭到破壞，秀吉於是在附近的木幡山（今伏見區桃山町明治天皇陵區域內）重新築城，這就是我們現在所稱的伏見城。木幡山又稱桃山，這也是豐臣時代被稱為桃山時代的原因。

海寶寺，往昔是伊達政宗在伏見城下町的宅邸。

在秀吉築城的同時，西側山下的伏見也以城下町的方式快速發展。尤其在聚樂第拆除後，各大名紛紛移居伏見，工商業者跟進，伏見於是逐漸繁榮。當時面對伏見城大手門的大手筋上，出現了一些與各大名有關的町名，例如毛利長門、羽柴長吉等，現在依然存在。此外，也出現像鹽屋町、納屋町等與商家有關的町名。當時的伏見正朝一個商業及政治的城市發展。

與伏見城下町同時興建的是「太閤堤」。當時伏見市區南面的「巨椋池」，是京都附近面積僅次於琵琶湖的大湖。為了防洪治水，秀吉在巨椋池以及桂川、木津川、宇治川等處建築堤防。當時宇治川並未流經伏見，而是直接入巨椋池。秀吉建築堤防後，宇治川水路轉而流經伏見市區南邊，不再流入巨椋池，成為伏見對外的主要水路。往後伏見就靠著宇治川成為京都與大坂間的水陸運輸中心。巨椋池經過後世多次整治後，現在成了一片平原。

慶長三年（一五九八）八月十八日，豐臣秀吉在伏見城結束他的一生。秀吉死後，德川家康進駐，以伏見為處理政務之地。慶長五年（一六〇〇），關原會戰的前哨戰在此爆發，家康的部將鳥居元忠等三百多人死守十數日後，城破集體切腹自殺，遺體久久無人處理，屍血順著遺體的形狀深深滲入地板。這些地板後來被一些寺院挪為重建天井（天花板）的材料，因而稱為「桃山血天井」。雖然歷時四百年，屍體及手腳掌的形狀仍清晰可見，望之令人毛骨悚然。目前在京都的養源院、源光庵、正傳寺等都還保存著這些血天井。

伏見城在這場戰役中損毀大半。慶長七年（一六〇二），家康再建伏見城，並於次年在此就任征夷大將軍。此後，家康的將軍任期一直是在伏見城度過，直到慶長十二年（一六〇七）退隱移居駿府城。伏見城是當時德川政權掌控近畿地方的基地。

血天井（京都市源光庵）。

豐臣氏滅亡後，在德川幕府「一國一城令」之下，京都僅存二条城及伏見城。到了元和九年（一六二三），三代將軍德川家光終於下令徹底執行命令，伏見城於是廢毀。

廢城之後，伏見並未因此沒落。當時的富商角倉

旅人隨想

源光庵

也是意外拾得。到洛北的鷹峰其實是要看光悅寺，走入源光庵最先也只是想看看血天井。看完血天井，回頭望見窗外的綠意隨著陽光映入，和室內的黑暗呈強烈反差，心中讚嘆不已。庭園之美竟然可以這樣表現，目光久久不能移開。

「偶而拾得」是京都散步的一大樂趣，卻不能強求。

源光庵「悟得之窗」。

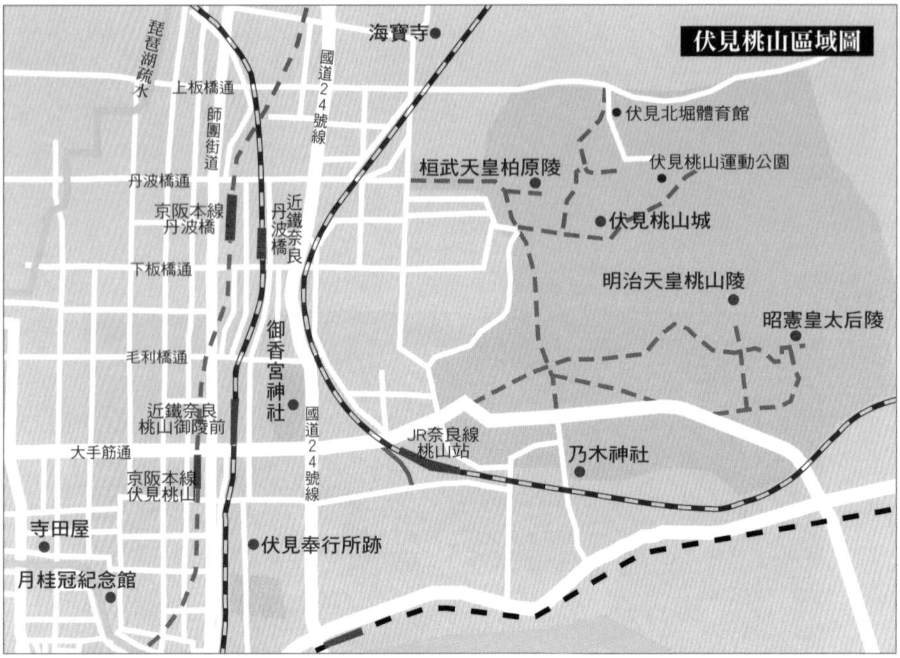

了以開闢連接京都及伏見的高瀨川，再利用宇治川連接大坂。伏見因位居宇治川及高瀨川的交會地，成為京都及大坂之間的水陸交通要地。

明治四十五年（一九一二）天皇駕崩，葬於伏見城本丸附近的明治天皇陵。一九六四年時，伏見城遺址曾開了一座遊園地，並且建了一座天守閣（但和原來伏見城天守閣位置不同）。遊樂園在二〇〇三年關門，只留下雄偉的天守閣。

位在高瀨川入伏見水道的角倉了以紀念碑。高瀨川由伏見直入京都二条，是江戶時代京都經濟大動脈。

伏見桃山城。模擬秀吉時代的天守閣所建。（攝影　陳錦輝）

家臣分裂：「文治派」VS.「武斷派」

無論國家制度或重大建設，天正十八年（一五九〇）統一天下時，秀吉已經為他的政權打下永續經營的基礎，但是豐臣政權卻存在一些隱憂。首先是秀吉的性格，在天下大定後，漸漸有一些轉變，以致出現了許多失誤。另一個問題是秀吉缺乏親近而有力的家臣，而且家臣之間還結黨對立。這些問題在秀吉的親弟弟秀長去世後陸續爆發，接連的事件導致豐臣家分崩離析。

相較之下，織田信長出身望族，在他接掌織田家時，身邊已經有能治理尾張一國的家族及重臣，南征北討的過程中不必擔心無可用之材。但是秀吉不同。秀吉出身貧寒，家族人力單薄，只有一個親弟弟秀長，還有從姐姐那邊過繼來的秀次，其他成員則多來自正室寧寧的娘家木下一族。秀吉也不像信長有眾多經驗豐富的家臣，一直要到成為長濱城主，他才開始有計畫地培養家臣。家臣團的單薄，是豐臣政權的一大隱憂。

另外一個問題是「文治派」及「武斷派」的對立。

擔任長濱城城主時代，秀吉開始引進一些擅長行政及財務的人才，包括增田長盛、石田三成等人。這些人年紀較輕，最年長的增田長盛當時也不過三十出頭，後來成為豐臣政權要角的石田三成，進入豐臣家時也只是個十五、六歲的少年。石田三成後來成為秀吉最倚重的家臣，以他為首的家臣漸漸形成文治派。文治派對秀吉推動重大政策有很大的影響，一些重要政策——或者不堪的作為——都要靠這些具備行政能力的家臣執行。

相對於文治派，「武斷派」是秀吉身邊的武將，如加藤清正、福島正則等人。這群人長年跟著秀吉東征西討，在豐臣政權建立的過程中一再立下戰功。

不幸的是，文人相輕自古皆然，文臣武將更是如此。當時在戰場上立功是晉身大名的最佳途徑。但是馬上得天下不表示可以馬上治天下，文治、武功有其階段性的任務。隨著豐臣政權日趨壯大及和平時期的來臨，文治派愈來愈受重用，幾乎成了秀吉的代表。這些並無多少戰功，但在政務上表現特出的文治派重臣，秀吉也給予和武斷派同樣的待遇，甚至更多，因而引起後者不滿。

文治派及武斷派的對立在秀吉親弟秀長在世時，還能由其協調而不致發生問題；但隨著秀長過世，雙方對立即愈演愈烈。

秀長是豐臣家中唯一夠分量、能直接與秀吉對談的家臣。他小秀吉三歲，這個唯一的親弟弟，直到二十多歲時才在秀吉勸說下棄農從軍。之後跟隨秀吉參加美濃之役、山崎之戰、賤嶽之戰、討伐毛利氏、討伐四國長宗我部、討伐九州島津氏等，除了小田原之戰外，幾乎無役不與。在九州戰事勝利歸來後，秀長的封地增加到一一四萬石，遠超過其他家臣，在豐臣政權中的重要性不言而喻。

秀長性格溫和，文臣武將都很喜歡和他來往。他經常利用高明的手腕，排解豐臣家與各大名的糾紛，為秀吉扮演緩衝的角色。在豐臣家，他是文治派及武斷派家臣之間的協調者；在做人做事方面，秀長似乎比秀吉更得人望。

可惜的是，天正十八年秀吉出征小田原城時，秀

高台寺台所坂。高台寺是秀吉正室北政所寧寧（高台院）為秀吉祈求冥福所建，附近的寧寧之道為京都著名散步小路。

長病發，到隔年一月終於撒手人寰。

秀長一走，豐臣家從此多憂。秀吉失去了一個可以放心諮詢的幕僚，文治派及武斷派家臣的合作只能靠秀吉的權威維持，各大名與秀吉之間缺少了溝通管道。從後續的事件看來，秀長一死，豐臣家頓失維繫團結的關鍵人物，開始走向敗亡之路。

一代茶匠千利休之死

秀長之死，最直接的衝擊，就是千利休之死及文祿．慶長之役。

天正十九年（一五九一）二月二十八日，一代茶匠千利休在京都聚樂第附近的自宅中切腹自殺，距離他的守護者豐臣秀長去世不過短短一個多月。千利休之死在當時造成相當大的震撼，即使到今日也仍為各界討論。

千利休出身堺（今大阪府堺市），在織田信長時代就受到重用，為信長的三茶頭之一。

茶頭一職看起來是茶會的主辦人，但實際上信長不是單純要他們來主持泡茶的。堺位在瀨戶內海東端，長久以來就是大坂附近最大的商業城市。戰國時代，為了維持堺的安全，有力商人尚且聯合起來，挖溝建牆，組織軍隊，把堺變成一座自治城市。信長在永祿十一年（一五六八）進入京都後，向堺要求二萬兩的軍事資金。堺內部經過一番論戰後，最後屈服於信長的武力之下，從此展開與信長方面的往來。

信長重用堺的富商是有道理的。這些富商能提供信長需要的資金，也可以協助運輸物資。更重要的是，綿密的商業網提供了各式各樣的情報，是作戰的關鍵。當時重要的富商，如堺的今井宗久、津田宗，京都的茶屋四郎次郎等人，都是這一類巨賈。天正十年的本能寺之變，德川家康就是因為茶屋四郎次郎的通報，逃離京都躲過一劫，可見當時這些富商的重要性。

為了拉攏他們，信長於是給予茶頭的頭銜，藉著茶會讓他們能在政治場上扮演重要角色，以獲取經濟利益。於是茶頭不再是單純的茶人，而變成政商雙棲的紅頂商人。

在信長時代，茶會也不是說開就開，要經過信長的允許才能召開。茶會於是成為一種榮譽，是信長給家臣的恩賜，也是給這些富商的利益。

信長時代的第一任茶頭是今井宗久，之後是津田宗，千利休當時不過排名第三。信長死後，利休繼續為秀吉重用。天正十一年（一九八三）五月，秀吉正式邀請利休擔任茶頭。

做為秀吉的茶頭，千利休與秀吉合作創造了許多傳唱數百年的傑作。天正十三年（一五八五）十月七日，秀吉在皇宮以茶會形式就任關白及太政大臣，並由正親町天皇賜姓「豐臣」。對秀吉而言，這是何等人生大事！而茶會的主持人正是千利休。千利休也在茶會中受天皇賜予「利休」的法號（在此之前一直使用本名「千宗易」），確立了他天下第一茶匠的地位。

秀吉與千利休合作的另一傑作是天正十五年（一五八七）十月一日的北野大茶湯會。為了慶祝九州平定及聚樂第完工，秀吉在北野的森林中舉辦了一次大茶會。當日在北野天滿宮的大殿上，秀吉展示他收集的珍貴茶具，殿外則提供茶席，京都人民無論貧富貴賤，都可以參加。總計參加人數達八百多人，是京都難得的大茶會。

現今在京都北野天滿宮森林中立有「北野大茶湯之址」石碑，就是紀念四百年前的這場官民同樂的盛會。

「北野大茶湯之址」碑，在北野天滿宮內。

秀吉出身微寒，茶會提供了結交京都名門貴族的機會，也是施展外交長才、鞏固政治地位的場合，利休正是他在這方面的好搭擋。有一段時間，利休是秀吉在政治及外交上的諮詢對象。

但在這一年之後，由於許多因素，秀吉與利休的關係開始產生一些變化。

為了將博多（今福岡縣福岡市）建立成征韓基地，秀吉與博多茶人的關係漸深，以堺富商身分接近秀吉的利休地位則受到影響。天正十八年（一五九〇）征討小田原城時，千利休保舉的弟子宗二言詞不遜，激怒秀吉，被秀吉所殺，更加嚴重影響兩人之間的關係。

另外還有一說法是，利休與秀吉對茶道的欣賞角度不同。秀吉重華麗，喜歡像黃金茶室這類的東西，但是利休好恬淡，重內在意涵。利休因而多次有意無意批評秀吉的品味，惹惱了出身貧寒的秀吉。

千利休聚樂屋敷，在今日晴明神社境內。

還有一個有力的說法是，利休反對出兵朝鮮，並且放言批評，讓秀吉無法忍受。

與利休同樣反對出兵朝鮮的是秀吉的親弟弟秀長。秀長和利休認為，日本好不容易統一，應該致力於國外貿易，累積財富才對。既是親弟弟又是得力的助手，秀吉當然不會對秀長如何。但是利休不過一介下臣，竟膽敢指指點點，讓秀吉如芒刺在背。秀長在世時，還有他多方調解秀吉與利休之間的緊張情勢；秀長一死，該來的終究來了。

天正十九年（一五九一）一月秀長病逝。二月，秀吉突然令人將利休押往堺軟禁。二月二十五日，將利休召回京都，令其切腹。表面上的原因是大德寺山門重建之事。

大德寺山門「金毛閣」。

兩年前的天正十七年，利休應大德寺之請，捐獻資金重建大德寺山門。完成後，利休請住持將自己的人像放在大德寺山門上。過了兩年，此事被秀吉知道。秀吉認為這麼一來，所有經過山門的人，包括天皇及秀吉，都要在利休像下面走過，因此非常惱怒，決定賜利休死。

天正十九年（一五九一）二月二十八日，利休在京都葭屋町的自宅（今晴明神社境內）迎接秀吉派來監督切腹的使者。這幾位使者也是利休的老友，喝過茶後，利休平靜走完人生最後一段路，一代宗師就此遠去。

利休死後，家人也被流放各地，但後來得到赦免回到京都，相繼開創表千家、裏千家、武者小路千家（稱為三千家），是現今日本茶道最著名的三大流派。現在京都市中的表千家不審庵、裏千家今日庵、武者小路千家官休庵，都是千利休的後裔所建。

九州大名大友宗麟曾寫到秀長告訴他「家事找利休，公事找秀長」，當時利休與秀長一樣，是豐臣家對外的窗口，地位自然重要。秀吉最重要的智囊竹中半兵衛早在天正七年（一五七九）就病逝，另一智囊黑田孝高此時漸漸退出權力核心。秀長及利休死後，秀吉身邊就沒有老練的重臣，只剩下暗地裡鉤心鬥角的文治派及武斷派家臣。

繼位者秀次滿門抄斬

秀吉晚年發生的秀次事件亦備受爭議。

秀吉雖然已是「天下人」，繼承人方面卻是個大問題。秀吉性好女色，但是一直無子，雖然曾由其他家人中過繼養子，卻都不幸去世。之後，淀君為他生的兒子鶴松，也在天正十九年（一五九一）八月三歲時生病去世。秀吉當時已經五十六歲，想想自己可能無後，為顧及豐臣政權的延續，思考再三，決定選擇豐臣秀次為繼承人。

裏千家今日庵。

秀次是秀吉姊姊的兒子。一如秀吉，因為出身農民，名字改來改去，最後在秀吉的運作下過繼給近畿望族三好康長，取名三好信吉。本能寺之變後，秀次開始隨秀吉四處征戰，累積不少戰功。平定四國長宗我部之後，秀次獲封近江四十三萬石領地，從此在豐臣家占有重要的地位。天正十九年十一月，鶴松死後三個月，秀吉收秀次為養子，並在十二月將關白之位和聚樂第讓給秀次，賜姓豐臣，明白地告訴世人，豐臣秀次是秀吉政權的繼承人。

但是讓秀吉高興及頭痛的事卻在兩年後發生：文祿二年（一五九三），淀君再度為秀吉產下一子

（豐臣秀賴）。按常理判斷，秀吉應該有意將繼承權轉給秀賴。秀次此時處境尷尬，但又不知進退，於是與秀吉的關係產生變化。在旁人的加油添火之下，兩人的間隙愈來愈大。最後，秀吉終於對秀次下手。文祿四年（一五九五），秀吉以秀次有謀反之嫌為由，將他拘禁在高野山，最後命他切腹自殺。

秀次自殺後，秀吉又將秀次的妻妾、子女、家臣三十九人集中於京都的三条河原（當時是鴨川中的沙洲）處死。悽慘之狀，見者無不流淚。這些屍體隨即埋在現場，秀次的首級也棄於墳上。直到京都富商角倉了以慶長十六年（一六一一）開鑿高瀨川時才加以整理，並建造瑞泉寺將秀次一族供奉於內。

處死秀次一族在當時極受爭議。秀次畢竟是豐臣家人，令秀次切腹已經很嚴厲了，有必要連家中的老弱婦孺一併殘忍處決嗎？秀次妻妾中有來自公卿家者，但公卿出面仍無法挽回，讓秀吉與公家之間

瑞泉寺豐臣秀次一族之墓。

出現裂痕。秀吉向來讓人民覺得親近，但是秀次事件後，在京都大力建設、在北野大茶湯建立的親民形象至此破滅殆盡。

秀次死後，繼承問題終於解決。但秀次畢竟是秀吉培養多年的繼承人，秀次一死，豐臣家得再重新培養另一個接班人。可惜的是，新的接班人秀賴年紀尚小，要成氣候還有一段時間，而秀吉已經等不到了。

秀次事件也影響了後來的關原之戰。事件中除了秀次一族外，一些大名也遭到連坐處分。為秀吉執行處分的是石田三成，因此這些遭懲處的大名後來大多加入德川家康的東軍，對抗石田三成。特別是領地在東北的伊達政宗，由於他的牽制，讓家康可以無後顧之憂，放心地回師大坂。

最後的一役，最大的敗筆

秀吉晚年最大的失誤，應該是他發動了侵韓之戰「文祿・慶長之役」。史學家對這次戰爭的原因至今仍爭論不已。

天正十八年（一五九〇），秀吉平定關東的北条氏及奧州，終於統一了日本。但隨之而來的是武士軍團無戰可戰、無功可取的問題。當時兵農分離的政策已實施多年，進入和平時期大量軍人如何處置，變成豐臣政權的頭痛問題。賞罰不均或失去戰場，很可能會使國內再度陷入戰亂。

征服中國大陸是秀吉長久以來的願望，雖然後世認為是個魯莽的想法，此時卻成了解決問題的最佳方案。秀吉的計畫是取道朝鮮，進軍北京。他在這一年將征明計畫告知部將，並積極準備。

豐臣政權中有不少人反對出兵海外，其中最重要的是秀吉的親弟弟秀長。但是秀長在天正十九年（一五九一）去世後，再也無人可以阻止秀吉。文祿元年（一五九二）四月，日軍登陸朝鮮，計畫由陸路進攻大明。

戰爭開始，日軍如入無人之境，六月底就攻陷朝鮮半島北部的平壤，直達中韓邊境。日軍陸軍雖強，水師卻是一再敗於韓將李舜臣之手，完全喪失制海權，導致陸軍後備補給困難。日軍原本只是要取道朝鮮直攻明朝北京，卻沒料到朝鮮人民竟然群起反抗，以致大量日軍必須留在朝鮮作戰，無法前進北京。之後明朝援軍加入戰場，日軍退守釜山，戰況遂陷入膠著。

一五九三至九六年間，在雙方使節的欺瞞下，明朝與秀吉進行了一場荒謬的和談。一方面，明朝依循之前對付足利義滿的老方法，要冊封秀吉為日本國王；秀吉則提出七條件，要求割讓朝鮮南部四道給日本。這場鬧劇最後在慶長元年（一五九六）冊封秀吉為日本國王的大典上被看破，日本外史寫道：「秀吉曰，吾掌握日本，欲王則王，何髯虜之封。」一怒之下，秀吉再度出兵朝鮮。

慶長二年（一五九七）二月，日軍十四萬人再度入侵朝鮮。慶長三年（一五九八）八月，戰事在蔚山進行得如火如荼時，秀吉病逝於伏見城。十月，前線得知秀吉死訊，無心戀棧，倉皇退出朝鮮，結

文祿・慶長之役圖（局部）。

束了秀吉的最後一戰。

文祿・慶長之役前後七年。由於出兵的多是西國大名，造成這些大名實力衰減。以經營關東而留守的家康反而保存了大部分實力。再加上家康主持戰後復原的工作，秀吉死後的政務於是逐漸落入家康手中。

這場戰役也加深了豐臣內部文治派與武斷派之間的積怨。武斷派認為負責監軍的石田三成只會將好處分配給和他親近的小西行長等人，對出生入死的他們反而給予懲罰；石田三成則認為武斷派不聽指揮，只會魯莽行事。兩派因為征韓之役形同水火，後來在關原之戰中，武斷派投入德川家康的東軍，對抗以文治派為主的西軍。西軍戰敗，家康因而獨攬政權。

該役最大的受益者無疑是德川家康，這可能是秀吉發動戰爭時沒有料到的。

今日在京都豐國神社前的耳塚，是文祿・慶長之役留下的遺跡。入侵朝鮮時，日軍以殺死的敵軍人數論功行賞。但是因為路途遙遠，取下的人頭不易運送，於是改以割下的敵人耳鼻，浸於鹽中，代替人頭，運回京都。慶長二年（一五九七），秀吉在京都興建了這座耳塚，請來五山高僧舉行盛大的儀式超渡異國亡魂。

耳塚，文祿・慶長之役遺跡。

太閤駕鶴仙逝去，獨留幼子與少妻

慶長三年（一五九八）三月，秀吉召集家人、近侍及諸大名等一千三百多人，在京都賞花重鎮醍醐

醍醐寺秋景。

寺舉行盛大的賞櫻宴會。這場聚會至今仍為人津津樂道，醍醐寺現在每年四月還會舉行「豐太閤花見行列」，紀念當年的盛況。

不幸的是，到了當年八月，朝鮮戰事方酣，秀吉卻病逝於伏見城。

在此之前，秀吉已自覺不久於人世，為了確保豐臣家的江山，秀吉一再要求五大老及五奉行寫下誓書，保證忠於豐臣家。但就像當初他繼承織田信長的事業一樣，實力才是保證，誓書只能羈絆一時。而且在他致力於取得各大名的保證之時，朝鮮戰事卻讓他的願望愈來愈渺茫。八月十三日，秀吉終於結束他輝煌的一生，留下一對強敵環伺的母子。

秀吉死後，遺言葬在東山阿彌陀峰山腰，同時建造了豐國廟及豐國神社。但是豐臣氏滅亡後，豐國廟及豐國神社都

旅人隨想

三寶院的照片

對於古蹟，你認為看照片就夠了嗎？很多人對〈蒙娜麗莎的微笑〉不陌生，因為從小就從各種管道看過它的分身。有一天，如果〈蒙娜麗莎的微笑〉來到台灣，你會不會因為看過太多次分身，所以就不去看看本尊？恰恰相反，對〈蒙娜麗莎的微笑〉的分身愈有感情的，愈會去一窺廬山真面目。

京都有很多庭園是不准許拍照的，不知道原因為何？

有些地方不准拍照也好，像醍醐寺三寶院。只顧著拍照，反倒會忘了細細體會當下的美景。三十三間堂也是如此，照片無法拍出千尊佛像給人的震撼。

還有一個原因可能是主人怕照片四處流竄，到時沒人要親身前來。

遭到破壞。到明治十三年（一八八〇）豐國神社才在原來方廣寺大佛殿前重建。明治三十年（一八九七）秀吉的三百週年祭日時，豐國廟才又重建。只不過形勢比人強，豐臣家已經絕後，明治天皇和豐臣秀吉也沒有多麼深厚的關係，豐國廟及豐國神社再如何重建，也比不上德川家康的子孫為他建造的東照宮。

權力中樞失衡，家康逐步掌握

秀吉死後，政務由五大老及五奉行掌管，這是秀吉刻意設計的架構。五大老是德川家康、前田利家、毛利輝元、宇喜多秀家、小早川隆景（死後由上杉景勝替代）五位大名，五奉行則是秀吉自己的子弟兵淺野長政（司法）、石田三成（行政）、增田長政（土木）、長束正家（財政）及前田玄以（宗教）五人。

秀吉希望以合議制的方式，防止任何大名（尤其是家康）在他死後獨攬大權，影響豐臣家的江山，

京都大德寺三玄院，石田三成墓所。石田三成是秀吉最得力的屬下，與德川家康對抗最力，後世負面批評甚多。成王敗寇，自古皆然。

等到秀賴長大成人後，再將政權交還秀賴。但是秀吉死後不久，五大老中排名第二、也是秀賴監護人的前田利家旋即病逝，此時不但無人可以和德川家康抗衡，文治派與武斷派的衝突也全面爆發。以前田利家為靠山的石田三成遭到武斷派家臣的追殺，最後靠家康的調解才保住一命，但解除奉行一職，命他回領地退隱。前田利家之死，造成豐臣政權的權力架構失衡，家康成了五大老中最有權力者。

但是決定性的一役稍後才到來。慶長五年（一六〇〇），五大老之一的上杉景勝因為領地會津管理的問題，與家康發生衝突，家康領軍討伐。隱居中的石田三成認為機不可失，聯合五大老中的毛利輝元、宇喜多秀家等人，與上杉景勝東西呼應，要夾擊家康。家康最後領軍回攻大坂。家康所領的東軍與以石田三成為首的西軍，在美濃國不破郡的關原展開大戰。這場決定性的關原之戰最後因為小早川秀秋倒戈，西軍大敗，取得全面勝利的德川家康，眼下已無足以威脅他的大名。

欲加之罪何患無辭：方廣寺鐘銘事件

方廣寺原址在今京都市豐國神社一帶，初建於天正十四年（一五八六），直到文祿四年（一五九五）才完成。其中大佛像高十九公尺，規模更甚於奈良東大寺，可能是好大喜功的秀吉為了壓倒奈良東大寺而建的。可惜隔年京都發生大地震，佛像毀壞，只剩大佛殿。慶長三年（一五九八），秀吉等不及重建方廣寺就撒手人寰。

為完成秀吉的遺志及恢復豐臣家的威望，秀賴在家康的勸誘下開始重建方廣寺大佛。不幸的是，慶長七年（一六〇二）鑄造大佛失敗，引發火災，連大佛殿也一起燒燬。慶長十五年（一六一〇）秀賴重新建造大佛及大佛殿，兩年後完成。慶長十九年（一六一四）四月，寺內鑄造的梵鐘也完成了，豐臣家請來南禪寺的高僧撰作銘文，刻在梵鐘上以表章事蹟，不料卻惹出大禍。

此時的天下大勢已與秀吉在世時大不相同。家康在關原之戰後取得絕對優勢，並於慶長八年（一六〇三）受封為征夷大將軍，在江戶開幕府。征夷大將軍是所有武士之首，德川幕府被所有大名視為唯一的中央政府。但家康名義上又是豐臣家的下屬，德川家與豐臣家究竟誰是主君，誰是下屬，關係變得非常曖昧。家康雖然占有優勢，但是在豐臣家舊臣的牽制之下，仍然和豐臣家維持著表面上的和平，直到方廣寺梵鐘銘文完成的這一刻。

在方廣寺完工前三年，慶長十六年（一六一一），德川家康在京都二条城會見了豐臣秀賴。秀賴已經長大成人，俊

媲美東大寺的方廣寺大佛殿僅存的石垣。

方廣寺銘鐘。與東大寺、知恩院的鐘並稱為日本三大名鐘。

秀的外表及優雅的談吐讓家康為之震驚。家康認為成人的秀賴開始要成為德川家的心腹大患了，因此不得不思考德川家及豐臣家的未來。家康擔心能力過人的秀賴會領導豐臣家成為德川家的可怕對手。尤其是家康一旦過世，當時的將軍秀忠不一定能掌控諸大名，因此家康亟思在他生前解決這個問題。

時勢似乎傾向德川家，秀吉留下的重要幹部（加藤清正、淺野幸長、福島正則）在慶長十六到十八年間紛紛去世或退隱。對家康而言，時機已經成熟，而且不容等待，此時完成的方廣寺梵鐘銘文，正好給了家康最佳的藉口。

家康在看過方廣寺梵鐘的銘文後，發現其中有一段文字「國家安康，四

「國家安康」「君臣豐樂」。德川滅豐臣的藉口至今猶在。

海施化，萬歲傳芳，君臣豐樂……」。其中「國家安康」中的「家康」二字是分開的，而「君臣豐樂」中的「豐臣」則是合在一起。家康於是藉題發揮，指責豐臣家是詛咒他身首異處。

家康要求豐臣家接受三個條件（秀賴臣屬於德川家、淀殿到江戶為人質、秀賴離開大坂），以表示沒有詛咒家康及意圖不軌的意思。豐臣家當然無法接受這種苛刻的條件，甚至想殺掉當時德川幕府派駐在大坂的奉行片桐且元。家康以方廣寺梵鐘銘文為藉口的計謀終於成功，德川家與豐臣家的戰事正式爆發。

最後決戰：大坂冬之陣．夏之陣

慶長十九年（一六一四）十一月，德川家康以豐臣家意圖背叛幕府為由，引兵二十萬包圍大坂城（大坂冬之陣）。

大坂城號稱「難攻不破」，德川軍雖步步進逼，仍無法取得決定性勝利。最後德川軍採用新購置的大砲炮轟，砲火威力直達大坂城天守，終於使豐臣家投降談和。談和的條件是拆掉大坂城的二之丸及三之丸。第二年年初，德川軍會同豐臣軍開始拆除二之丸及三之丸。德川軍並且不顧和談條件，順勢將城外的濠溝填平，「難攻不破」的大坂城自此成了無險可守的孤城。

慶長二十年（一六一五）年初，京都所司代板倉勝重向家康報告大坂方面似乎又圖謀反。雖然豐臣家派人前來說明，但家康仍舊召集各路大名，再度進兵。五月五日大戰爆發（大坂夏之陣），激戰僅三日，大坂城破，秀賴及淀君自殺。

大坂城山里丸。豐臣秀賴與淀殿自盡之地。

城破隨之人亡，家康對豐臣家趕盡殺絕，家族及同黨一律處死。秀賴的兒子國松逃出大坂城，但被搜出斬首，屍首曝於京都六条河原。唯一倖存的女兒被迫出家，豐臣家從此絕後。

信長播種，秀吉耕耘，家康收割

回顧秀吉的一生，再看看眼前的五輪塔，我有點懷疑天下人秀吉是否真的長眠在阿彌陀峰的墓所內。不過這似乎已不重要了。

秀吉出身貧賤，靠著聰明機智、累積戰功在信長家嶄露頭角，最後成為信長麾下大將。他的成就完全靠自身的努力，而不是靠出身。因緣際會，本能寺之變，讓秀吉有機會接收信長打下的江山，最後統一了日本。可惜到了晚年，一連串失誤，加上出兵朝鮮，使得德川家康勢力坐大，最後天下落入德川家。有俗諺描述得非常傳神：「信長打的天下，秀吉養肥了，家康捉來吃。」

雖然如此，秀吉對京都及日本人的影響卻遠遠超過其他戰國武將。應仁之亂以來，群雄爭霸，京都動盪不安，破敗不已。在秀吉的大力建設之下，京都逐漸發展成繁榮富庶的近代城市。豐臣家雖然最後落得滅亡的下場，但天下人豐臣秀吉的功過得失，自在人心。

東山阿彌陀峰秀吉墓所。

豐臣秀吉事件簿

明應五	一四九六	本願寺蓮如建石山御坊於大坂。
天文三	一五三四	織田信長出生於尾張。
天文六	一五三七	豐臣秀吉出生於尾張。
天文九	一五四〇	豐臣秀長出生於尾張。
天文十一	一五四三	德川家康出生於三河。
天文二十三	一五五四	秀吉入織田信長家任職。
永祿三	一五六〇	五月，桶狹間之戰，織田信長擊敗今川義元。
永祿四	一五六一	秀吉與寧寧（北政所）結婚。
永祿十一	一五六八	十月，織田信長入京都，扶植足利義昭為將軍。
元龜元	一五七〇	六月，姉川之戰，織田及德川聯軍擊敗淺井朝倉聯軍。
元龜二	一五七一	九月，比叡山燒討，織田軍殺延曆寺僧俗三千人。
天正元	一五七三	七月，織田信長逐足利義昭，室町幕府滅亡。 九月，織田信長滅淺井氏及朝倉氏。
天正二	一五七四	春，秀吉任長濱城主。
天正三	一五七五	五月，長篠之戰，織田及德川聯軍擊敗武田勝賴。
天正五	一五七七	十月，秀吉開始出兵中國地區，與毛利氏對戰。
天正八	一五八〇	八月，石山會戰結束，本願寺在天皇調解之下退出石山。
天正十	一五八二	六月二日，本能寺之變，織田信長、信忠自殺。 六月十三日，山崎之戰，秀吉擊敗明智光秀。

豐臣秀吉。

天正十一	一五八三	四月，賤岳之戰，秀吉滅柴田勝家。 六月，秀吉入主大坂。 九月，秀吉開始營建大坂城。
天正十二	一五八四	三四月，小牧・長久手之戰。秀吉敗於家康及信雄聯軍。 十一月，秀吉與家康議和。
天正十三	一五八五	七月，秀吉任關白，改姓藤原。 七月，平定四國。
天正十四	一五八六	二月，開始建聚樂第。 九月，秀吉受天皇賜姓「豐臣」。 十二月，秀吉任太政大臣。
天正十五	一五八七	四月，平定九州。 十月，北野大茶會。
天正十六	一五八八	四月，後陽成天皇行幸聚樂第。 七月，發布〈刀狩令〉〈海賊禁止令〉。
天正十七	一五八九	五月，秀吉次子鶴松在淀城出生。
天正十八	一五九〇	令京都寺院集中於寺町通及寺之內通。 短冊形地割。 七月，小田原之役結束。德川家康移封至關東。 八月，德川家康入江戶。
天正十九	一五九一	一月，秀長病逝於大和郡山城。 閏一月，開始建造御土居。

千利休。

		二月，秀吉命千利休自殺。
		七月，平定東北九戸氏。
		八月，次子鶴松夭折。
		十二月，秀吉將關白讓給秀次，自稱為太閤。
文祿元	一五九二	元月，文祿之役，秀吉下令出兵朝鮮。
文祿二	一五九三	八月，豐臣秀賴出生於大坂城。
文祿四	一五九五	七月，秀次自殺。
		八月，秀吉拆毀聚樂第。
慶長二	一五九七	元月，慶長之役，再度出兵朝鮮。
慶長三	一五九八	三月，醍醐寺花會。
		八月，秀吉病逝於伏見城。
慶長四	一五九九	閏三月，前田利家病逝。
慶長五	一六〇〇	九月，關原之戰，德川家康成為共主。
慶長八	一六〇三	三月，德川家康受封為征夷大將軍，在江戶開幕府。
慶長十	一六〇五	四月，德川秀忠繼任將軍。
慶長十四	一六〇九	豐臣秀賴開始重建方廣寺。
慶長十六	一六一一	三月，德川家康在二条城接見豐臣秀賴。
慶長十九	一六一四	七月，方廣寺銘鐘事件。
		十月，大坂冬之陣。
慶長二十	一六一五	四月，大坂夏之陣開始。
		五月，大坂城破，豐臣氏滅亡。

豐臣秀吉歷史風景簿

阿彌陀峰（秀吉之墓）	京都市東山區東山七条東入今熊野阿彌陀ヶ峰町（東山七条東行20分鐘）
高台寺	京都市東山區高台寺下河原町526
聚樂第遺址碑	京都市上京區裡門通中立売（西南角）
堀川第一橋	京都市上京區堀川通中立売
下御靈神社	京都市上京區丸太町通寺町下ル（地下鐵烏丸線鞍馬口站東行2分鐘）
錦天滿宮	京都市中京區新京極通四条上ル中之町537（地下鐵烏丸線四条站東行3分鐘新京極商店街內）
寺町通商店街	京都市下京區四条通寺町上ル（地下鐵烏丸線四条站東行3分鐘）
廬山寺	京都市上京區寺町通姉小路上ル北之町397
本能寺	京都市中京區寺町通御池下ル下本能寺前町522
京都御苑堺町御門	京都市上京區丸太町通堺町
平野御土居	京都市北區平野鳥居前町（北野天滿宮後門天神東側北上1分鐘）
廬山寺御土居	京都市上京區中御靈町（河原町通京都府立醫大圖書館旁）
大阪城	大阪城中央區大阪城公園
海寶寺	京都市伏見區桃山町正宗20
角倉了以紀念碑（伏見）	京都市伏見區三栖半町
伏見桃山城	京都市伏見區桃山町大藏
源光庵	京都市北區鷹峰北鷹峰町47
「北野大茶湯之址」碑	京都市上京區馬喰町（北野天滿宮入大門右側）
大德寺山門「金毛閣」	京都市北區紫野大德寺町53
大德寺三玄院	京都市北區紫野大德寺町53
千利休聚樂屋敷址	京都市上京區堀川通一条上ル晴明町806番地1（晴明神社境內）
裏千家今日庵	京都市上京區小川通寺之內上ル東側
表千家不審庵	京都市上京區小川通寺之內上ル東側
武者小路千家官休庵	京都市上京區武者小路通小川東入西無車小路町
瑞泉寺	京都市中京區木屋町三条下ル石屋町114-1
耳塚	京都市東山區大和大路正面（豐國神社正門西行南側）
醍醐寺	京都市伏見區醍醐東大路町22（地下鐵東西線醍醐站東行15分鐘）
豐國神社	京都市東山區大和大路正面茶屋町530
方廣寺銘鐘	京都市東山區大和大路正面（豐國神社正門北行東側東入）
方廣寺大佛殿石垣	京都市東山區大和大路正面（豐國神社正門北行東側）

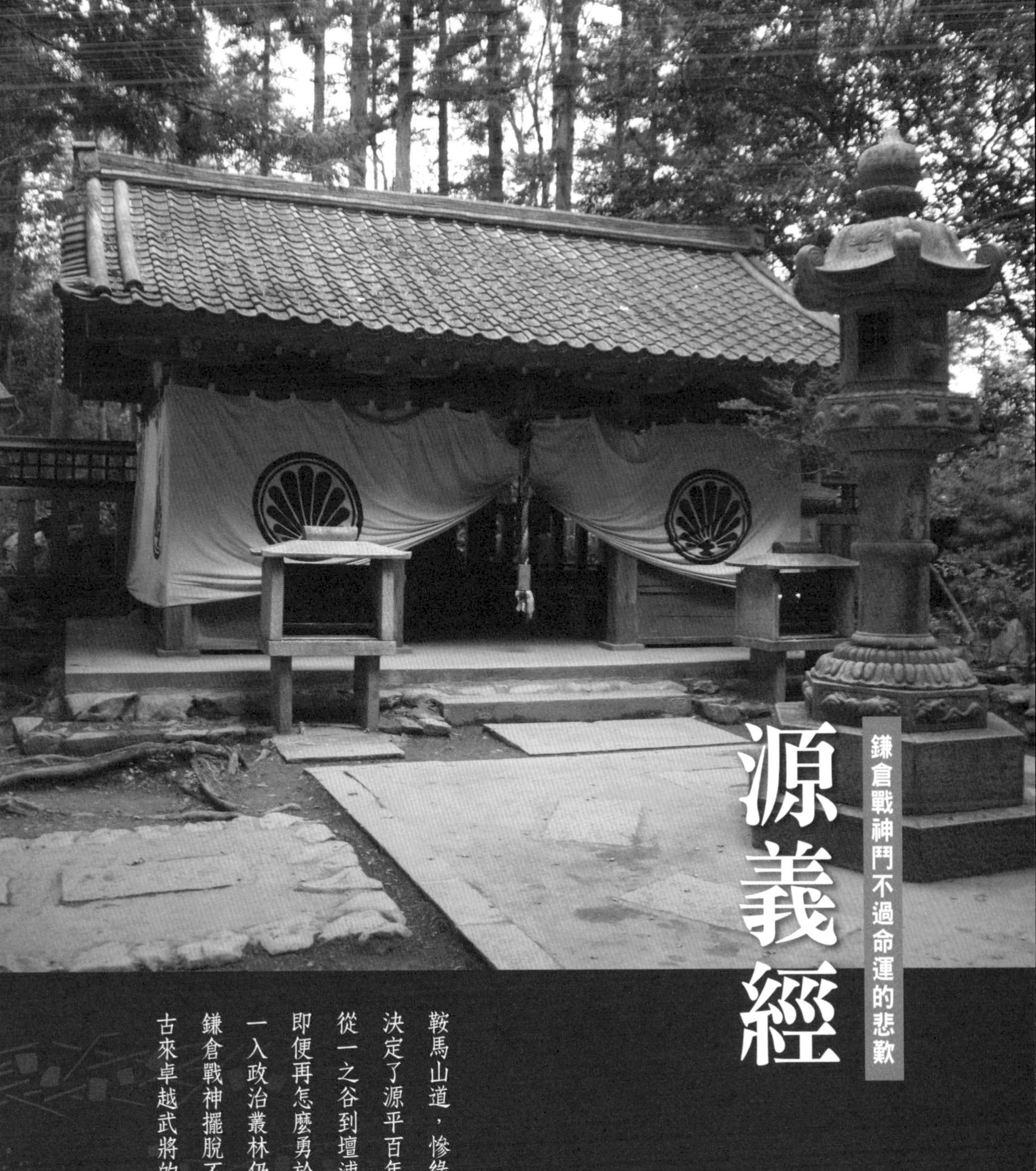

源義經

鎌倉戰神鬥不過命運的悲歎

鞍馬山道，慘綠少年，
決定了源平百年合戰的結局。
從一之谷到壇浦，
即便再怎麼勇於突破、戰無不克，
一入政治叢林仍舊為人玩弄於股掌之上，
鎌倉戰神擺脫不了
古來卓越武將的宿命……

鞍馬山奧院魔王殿。

鞍馬寺，位在京都北方的鞍馬山上，自平安時代以來就是鎮守皇城北方之寺。從叡山電鐵鞍馬站上行，可以搭纜車，輕鬆地就到山上。也可以走路，安步當車，拾級而上。到了鞍馬寺，可從金堂前平台往南，享受一下登高遠望的舒暢。層層山巒之後，還可以看到京都附近另一所名山比叡山。

但是如果繼續往前行，過了鞍馬寺，情況就大不相同了。

鞍馬寺後方，有條通往貴船的山道。這條山道一路起伏往下，險坡處處。天晴還好，一遇下雨，不時有滑落之虞。山路多處密林之中，自古以來，傳說甚多。天陰或傍晚時刻，玄妙氣氛讓人以為身處陰陽交界。

這條山道是平安末期以來一條著名的山道。當時京都政權落在以平清盛為首的平氏家族手中，反平氏勢力在各地蟄伏，源氏與平氏之間的戰事雖是稍歇，卻有山雨欲來之勢。此時平靜的鞍馬山及險峻的山道上，年輕的牛若丸正悄悄地成長。他在鞍馬山所受的訓練，往後屢次在關鍵時刻改變戰局，為源平百年合戰作了最後的了結。

武士的體內流著天皇的血

日本在鎌倉時代以前，國家大權由天皇及天皇外戚藤原氏掌控，但是從鎌倉時代一直到江戶時代，七百年間統治權卻落入武士手中，天皇反而成了陪襯。

古時日本並無所謂的武士，對外軍事是由國家軍隊執行，那麼武士究竟是如何產生的呢？

日本自大化革新（西元四六四年開始）以來，在律令制之下，全國所有土地都是國有，人民沒有自己的土地。政府分配土地給農民，農民再以所得繳納稅金。但是到天平十五年（七四三）實施「墾田永年私財法」後，開始容許土地永久私有。有力農民於是徵召人力開墾新的農地成為私人土地，形成所謂的「莊園」，這些有力農民就成了莊園領主。

鞍馬山木之根道，有少年義經的足跡。

莊園領主為了持續開擴領地、防範盜賊，甚至抵抗朝廷派來的地方官（國司）的侵擾，於是組織武裝部隊，成了最基層的武士。為了壯大實力，還會聯合其他領主組成武士團。

但為何後來的武士，不是源氏，就是平氏及藤原氏？

原來自平安時期之後，由於皇室成員漸漸增多，為降低皇室負擔，有時會將天皇後裔落入臣籍，變成非皇室成員。最早落入臣籍的是桓武天皇（平安京開創者）的孫子高棟王及曾孫高望王，受賜姓為「平」，成了「桓武平氏」的起源。後來各代天皇也有子孫降為臣籍，陸續出現「仁明平氏」「文德平氏」等平氏家族。各家族通常以先祖出自哪個天皇或發跡地而在姓氏前加上該天皇稱號或地方名，以資辨別。

在源氏方面，最早的源氏是嵯峨天皇的子孫，受賜姓為「源」，是為「嵯峨源氏」之祖。後來陸續還有「仁明源氏」「清和源氏」「宇多源氏」等。

這些平氏及源氏家族之中，歷史上最有作為的當屬「桓武平氏」及「清和源氏」。最早建立武士政權的平清盛，屬於桓武平氏的一支「伊勢平氏」後裔，而建立鎌倉幕府的源賴朝，則為清和源氏之後。

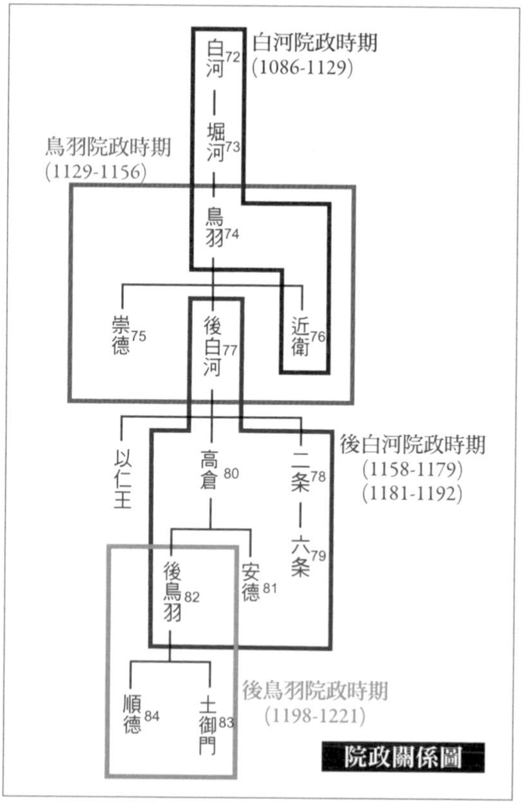

院政關係圖

被降入臣籍的源氏、平氏子孫，後來常會被派往各地擔任地方官員。地方豪族及武士在擴大勢力組成武士團時，由誰領導常常成為大問題。論官位、權勢、血統，這些具有皇室血統的源平子孫自然而然就成了武士的領袖，有企圖心的源平子孫更是積極招兵買馬。在源氏及平氏子孫的領導下，原本鬆散的地方武士漸漸形成強大的武士團。

那麼這些武士團後來又是如何成為左右中央政權的力量？簡單來說就是：宮廷內鬥，引狼入室。

平安時代末期，日本進入院政時期，由於退位後的天皇（上皇）還想控制朝廷，朝廷中經常天皇、上皇、法皇（出家的天皇或上皇）諸皇並存，爭權奪利。最早是在應德三年（一〇八六），白河天皇讓位給堀河天皇但是另組「院廳」，以上皇之位繼續掌權。白河上皇透過院廳指揮朝廷，主要目的是削弱自攝關政治以來朝廷中藤原氏公卿的勢力。白河上皇並且糾集了有力武士，組織上皇的近衛隊「北面武士」，開始將武士團引入宮廷政治中，做為院政的武力後盾。因為參與宮廷內鬥，原來勢力多限於地方的武士團開始介入朝廷政治。白河上皇雖然藉武士之力削弱了朝廷中藤原氏的勢力，卻也為他的子孫招來更大的禍害。

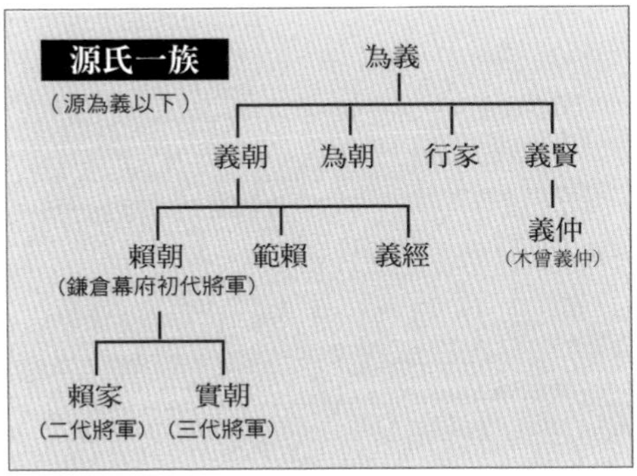

兩椿亂事引發平源相爭

保元元年（一一五六），已退位的崇德上皇與後白河天皇兄弟鬩牆，雙方都動用武士的力量。平清盛與源義朝（源義經之父）等人支持後白河天皇，打敗崇德上皇及源義朝之父源為義，此即保元之亂。

此後藤原信西掌握宮廷實權；同樣是保元之亂的功臣，藤原因為不信任源義朝，在賞賜方面總是偏袒平清盛，以致源義朝相當不滿。

平治元年（一一五九）十二月，對藤原信西不滿的另一權臣藤原信賴與源義朝聯手，趁平清盛離京前往熊野參拜時殺害藤原信西。平清盛得知消息後，連夜趕回，將後白河天皇請至平氏六波羅邸，在此發號施令反擊。藤原信賴最後兵敗被殺，源義朝向東逃亡時，在尾張國（今愛知縣西部）遭到暗殺（平治之亂）。

源義朝的長子源賴朝（鎌倉幕府開創者）當時十三歲，也在往東國途中被捕，按理會被處死，但在平清盛的繼母池禪尼的懇求之下，

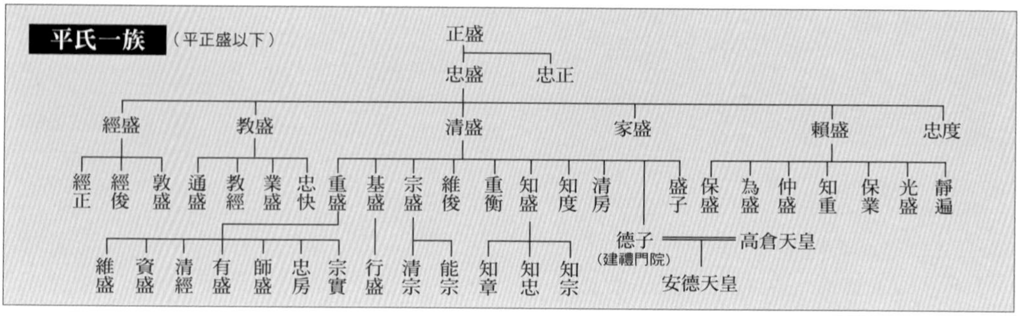

流放伊豆，得免一死。源義朝的妻子常盤，帶著今若、乙若及牛若（後來的源義經）南逃，最後自首被捕。平清盛因為喜歡常盤，納她為妾，使得牛若兄弟逃過死劫。平清盛饒恕了源義朝的幾個兒子，原因雖有不同，結果都為平家種下了禍根。

保元、平治之亂後，院廳勢力衰微，政權轉至平清盛手中，時代漸漸向武士靠攏。

平氏一門公卿十六人

平氏政權的開創者平正盛原來是源氏的家臣，因為代源氏受詔平定源義親之亂而開始嶄露頭角。平忠盛繼承其父勢力，並繼續受白河上皇及鳥羽上皇重用，多次討平瀨戶內海的海賊。正盛及忠盛父子並歷任西國各國國司，平氏此時在朝廷及西國已經有相當的實力。但是最後使平氏駕凌朝廷之上者，則是忠盛之子平清盛。

平清盛的出身有一段傳說。

據《平家物語》記載，白河法皇有一位寵妾住在祇園一帶，因此被稱為「祇園女御」。一夜，法皇要到祇園女御處，半途突然出現一個紅顏銀體閃閃發光的怪物，眾人大驚。法皇命當時任護衛的平忠盛（平清盛之父）將之斬除，平忠盛認為此物應該不是妖怪，而是狐狸之類的動物，因此不慌不忙往前探查。果然發現原來是祇園社的社僧，因為持火把點燈，照得臉紅，燈光映在灑滿雨滴的簑衣上反射出來，結果被視為妖怪。忠盛回報狀況後，當下法皇大為心安。

平忠盛因為這次臨危不亂受到白河法皇賞識，並且將祇園女御賜給平忠盛為妻，生下平清盛。平清盛幼年時相當受白河法皇的寵愛，因此被懷疑其實是白河法皇之子。現在在八坂神社中的忠盛燈籠據說就是當時社僧點的燈籠。

保元平治之亂後，逐步掌握朝中權力的平清盛學習藤原氏的做法，將女兒嫁入皇室，以外戚身分擁立高倉及安德兩天皇，藉天皇的名義對朝廷百官發號施令。平清盛並指派有力武士為莊園的管理者，藉以籠絡各地武士團。在經濟方面，平氏取得日本與中國宋朝之間的貿易權，獲得相當大的利益。在平清盛的努力下，平家一門「公卿十六人、殿上人三十餘人」。朝中獲准昇殿參與政務者，半數以上是平家成員，平清盛甚至以武士的身分擔任文官之中位階最高的太政大臣。

平氏的專權當然引起以後白河上皇為主的院政派

八坂神社之忠盛燈籠。

及其他家族的反感。治承元年（一一七七）發生鹿谷事件，反平氏勢力企圖將之推翻，不幸失敗。平清盛反而利用這個事件剷除了後白河上皇院政派的勢力，在朝中地位更為穩固。

六波羅區平氏宅，往日風光今安在

平氏政權之盛，可以從「六波羅」平氏宅邸看出。

六波羅指的是現在鴨川東岸從松原通到七条通之間的地區，再往東即是平安時代以來京都最大的墓地「鳥邊野」。昔日送葬的隊伍從現在的松原通渡過鴨川往東，過六道之辻及六道珍皇寺就到了墓地區，因此六道之辻被視為人間往冥界的入口。有些遺體被送到山上，有些則在過了六道珍皇寺後即隨意丟棄，連埋葬都省了。

位在冥界入口的六道珍皇寺供奉閻魔大王及小野篁，小野篁是平安時代的官員及歌人，據說他下班後還到地獄加班。相傳他就是從六道珍皇寺的水井前往地獄，隔日再從嵯峨野的福生寺回到人間。

六波羅另一所名寺是六波羅蜜寺。平安中期空也上人（九〇三～九七二）在六波羅創建了其前身西光寺，有「市聖」之稱，一生從事平民傳教及社會公益，對日本淨土宗的擴展有極大貢獻。六波羅蜜寺雖是佛寺，不過位在這個地區，有幾分不同於佛寺的神秘。

從六波羅經過小松谷，可以到山科，是京都前往伊勢及關東的關口，有地利之便。平正盛因而開始在此建立宅邸。到了平清盛時代，平氏更是在六波羅地區大舉興建豪邸，除平清盛的「泉殿」外，還有其弟賴盛的「池殿」，其子重盛的「小松殿」等多達五千棟。六波羅因此成為平氏政權的基地。

可惜的是，後來源義仲攻入京都，平氏在逃離前放火燒掉了六波羅及各處宅邸，壯麗的平氏宅邸從此消失於歷史之中。現在六波羅地區是一片民居，全無遺跡，只留下一些有關的地名，如池殿町、門脇町、北御門町、西御門町等，供人遙想當年。

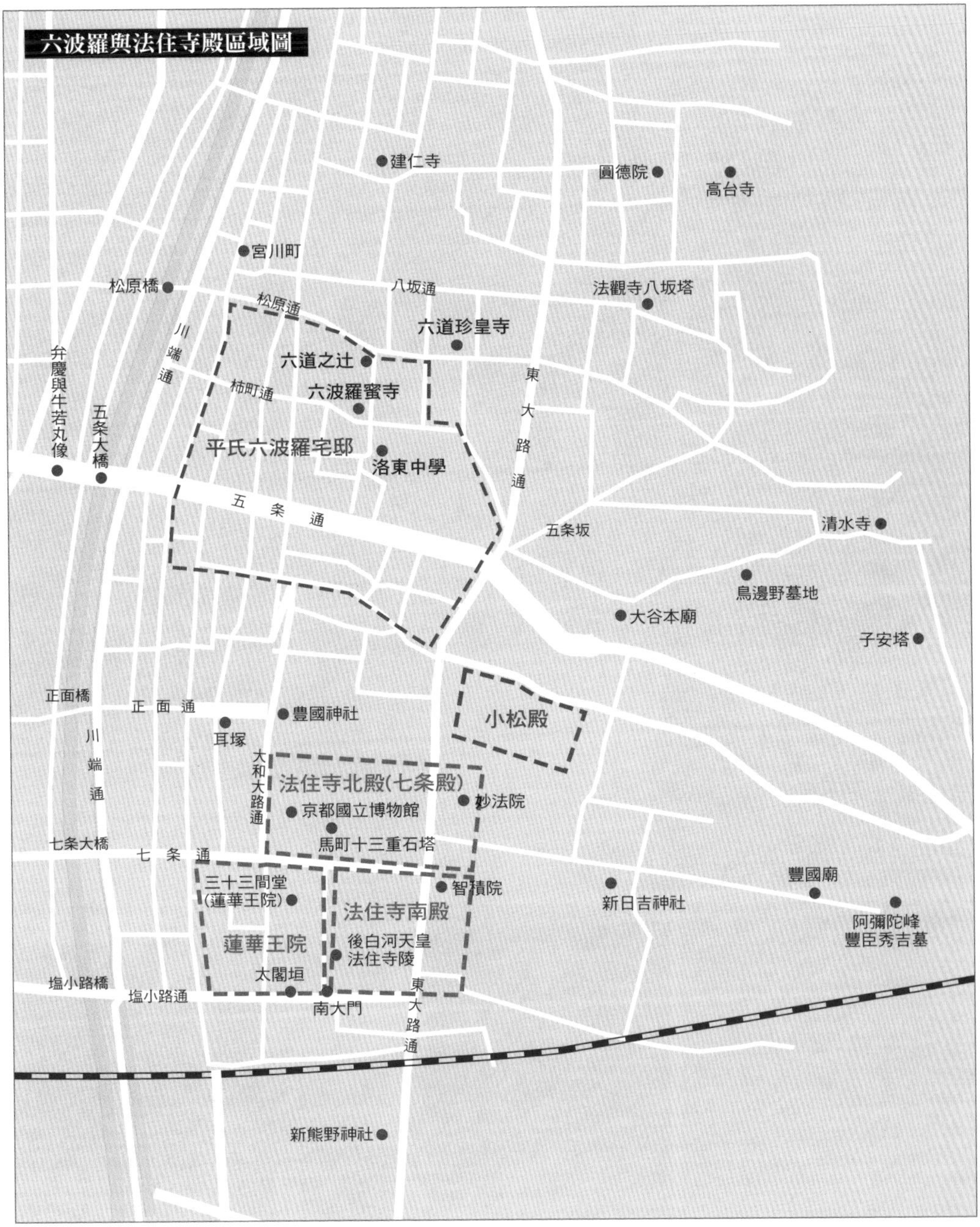
六波羅與法住寺殿區域圖
建仁寺
圓德院
高台寺
宮川町
松原橋
八坂通
法觀寺八坂塔
松原通
六道珍皇寺
川端通
六道之辻
弁慶與牛若丸像
東大路通
柿町通
六波羅蜜寺
五条大橋
平氏六波羅宅邸
洛東中學
五条通
五条坂
清水寺
鳥邊野墓地
大谷本廟
子安塔
正面橋
正面通
豐國神社
小松殿
耳塚
川端通
大和大路通
法住寺北殿(七条殿)
妙法院
京都國立博物館
馬町十三重石塔
七条大橋
七条通
三十三間堂
(蓮華王院)
智積院
豐國廟
新日吉神社
法住寺南殿
阿彌陀峰
豐臣秀吉墓
蓮華王院
後白河天皇
法住寺陵
太閤垣
塩小路橋
塩小路通
南大門
東大路通
新熊野神社

1-六道珍皇寺。圖中的井，相傳是平安時代小野篁到地獄辦公的入口。

2-洛東高中。位在六波羅平氏邸遺址中，大門左側立有石碑。

3-六道之辻，人間往冥界的入口。

4-「此附近　平氏六波羅第　六波羅探題府」。

5-六波羅蜜寺。

4 3 1
5 2

此附近

くすり
子育飴
Asahi
六波羅飯店
KIRIN

「以仁王之檄」再掀反平氏戰火

平氏一門把持朝政，引起各方不滿。治承四年（一一八〇）四月，在平氏政權中任官的源氏長老源賴政及後白河天皇之子以仁王，以「最勝親王」之名義，發令全國各地源氏起兵討伐平氏政權。兩人雖然很快就兵敗被殺，但是「以仁王之檄」卻點燃反平氏政權之火，各地源氏軍隊紛紛起兵。

在起兵反平氏的軍隊中，勢力最大的是源義仲（木曾義仲）及源賴朝。

源賴朝在元治之亂後倖免一死，流放伊豆。負責監管他的是北条時政。想不到源賴朝後來卻與北条時政的女兒政子結婚，監管人反而成了岳父。

以仁王發難後，源賴朝在岳父的支援下於伊豆起兵，但是不久就在石橋山敗陣（石橋山合戰）。源賴朝逃離石橋山後，迅速獲得關東武士的支持，不久就攻下鎌倉，並在富士川大敗平清盛嫡孫平惟盛（富士川之戰）。但賴朝並沒有向西推進，而是回到鎌倉，努力經營關東勢力。

另一支反平氏力量源義仲在信濃起兵後，連下信濃、越後，目標是奪下父親原來的根據地上野，但為避免與源賴朝衝突而退兵，轉而北上經營北陸。

正當反平氏的勢力在各地起兵之時，平清盛突然在養和元年（一一八一）閏二月因熱病死於京都。失去了這位無可取代的大家長，後繼者的能力及威望不足以應付當時險惡的情勢，平氏勢力因而由盛轉衰。

壽永二年（一一八三），與源賴朝對立的源義廣請求義仲保護，造成義仲及賴朝之間對立，雙方戰火一觸即發。四月，平氏見機不可失，派兵十萬攻打義仲，連下加賀、越前等地。義仲腹背受敵，不得不與賴朝談和。談和後，義仲在越中的倶利伽羅峠大破平氏軍（倶利伽羅峠合戰），一時情勢逆轉。義仲順勢反攻，各路源氏軍也步步進逼，平氏軍則一路敗退。七月，義仲進入京都。

平氏一族在義仲進入京都前挾著安德天皇，以及象徵天皇正統的三神器出奔福原（今神戶）。

戰神登場

在以仁王之檄發出時，源平百年合戰中最關鍵的人物源義經終於加入戰局。

義經幼年命運坎坷。平治之亂後，父親源義朝被殺，牛若丸（後來的源義經）跟著母親常盤一起受到平清盛保護。兩個哥哥當下就被送入寺院，而牛若丸在七歲時也被送入鞍馬寺。這意味著三人將來都要出家，以斷絕過往父親與平清盛的恩怨。或許這也是平清盛與常盤的協議。

現在京都北部山上的鞍馬寺到處留有牛若丸的遺跡。從平清盛豪華的宅邸被轉送到荒山中的鞍馬寺，牛若丸顯然在此地接受了對往後影響深遠的訓練。據說牛若丸白天學經書，努力的程度令鞍馬寺住持深受感動，但一到晚上就溜到僧正谷向烏天狗（一種看起來像中國雷公的妖怪）學習劍術，因此練就了一身好武藝。

源義朝別宅，也是源義經出生地。中間是牛若丸誕生井，圖右後方樹木處是胞衣塚。

牛若丸後來由僧人正門坊處得知自己的身世，心中燃起報仇的意念。住持知道後，原本強迫牛若丸立即出家。但是在牛若丸堅持之下，暫時將牛若丸改名為「遮那王」（法名），以做為出家之準備。

遮那王十六歲那年，時機終於來臨。稱霸奧州的藤原秀衡遣商人吉次信高來訪，表示願助遮那王一臂之力，對抗平氏政權。遮那王不久就隨吉次信高出奔奧州，中途在父親被殺之處行元服禮，正式取名為「源義經」。

源義經到了奧州後，受到藤原秀衡熱情的接待。二十一歲時，義經聽聞兄長源賴朝舉兵反平氏，於是在藤原秀衡的支助下，率五百騎投奔賴朝，自此成為賴朝陣中大將。

終身追隨義經的弁慶

遮那王出奔奧州時，追隨他的還包括終身忠心的部屬武藏坊弁慶。

武藏坊弁慶據說曾在比叡山修行，因為出了很多事，被逐出師門。之後到處遊歷，最後成為源義經的貼身部屬，隨著義經參加每一場戰役。

有關武藏坊弁慶的經歷，民間的傳說很多，而且深受日本人喜愛。其中最著名的就是弁慶與義經在五条橋相遇的故事（另有一說，是在較西邊的五条天神宮）。傳說有一夜，十一歲的牛若丸經過五条橋時，剛好遇到弁慶。當時弁慶正到處找人比武，

弁慶與牛若丸像（今京都五条大橋西側）。

五条天神宮，傳說中義經與弁慶初次決鬥之地。

松原橋（舊五条橋）。傳說義經與弁慶初次決鬥之地。

目標是打敗一千人，在遇到牛若丸之前，已經打敗了九百九十九人，正準備拿牛若丸當做最後目標。沒想到五条橋一戰，氣勢正旺的弁慶竟敗在牛若丸手下。弁慶心有不甘，次日參拜清水寺，祈望能達成心願，沒想到再次遇到牛若丸。二人在清水寺舞台展開決戰，弁慶依然敗陣。心服之下，弁慶從此終身追隨牛若丸。

當時的五条橋在豐臣秀吉時改名為「松原橋」，與現在的五条大橋不同。

另一個傳說則改編成有名的歌舞伎《勸進帳》，描述義經一行人躲避源賴朝追捕而出奔奧州時的故事。當時源賴朝已經發布全國追緝令。義經一行人來到安宅關，弁慶向關守富樫左衛門說他們是為東大寺募款而來到北陸。富樫要求弁慶唸出之前的捐款者名單（「勸進帳」）。但是哪裡有什麼捐款者名單！弁慶於是憑著他以前的經驗，拿著白紙假裝唸一遍。富樫雖然看出弁慶的伎倆，但是沒有點破，示意他們通過。正要離開時，一名士兵卻對殿

清水寺舞台，義經與弁慶再次決鬥。

初寅大祭

1-鞍馬寺仁王門。

2-鞍馬山僧正谷不動堂。

3-鞍馬寺金堂。

4-從鞍馬到貴船。

5-鞍馬山由岐神社，位在鞍馬站到鞍馬寺的山道上。

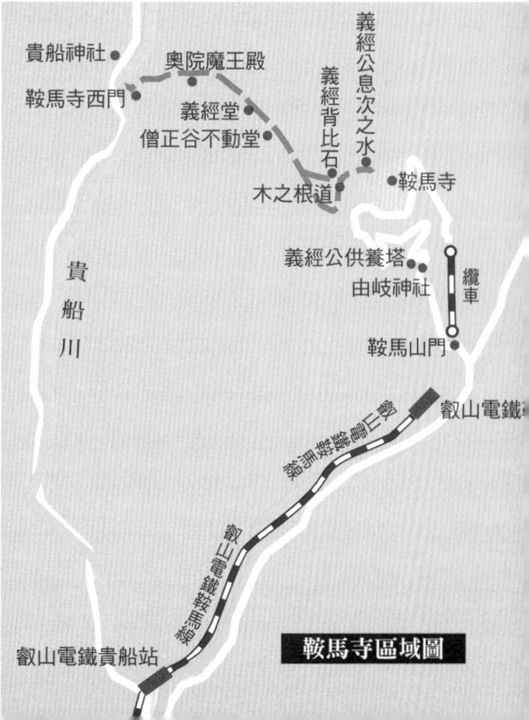

後的義經起疑。弁慶急中生智，痛打義經一頓，口中直嚷：「都是你，長得太像義經，害我們每次都被人懷疑。」士兵看到這情況，認為屬下不可能把主君打得這麼慘，這人不可能是義經，因而放他們過關。過關之後，弁慶跪求義經原諒，君臣相知相惜的場面，就成了這齣戲中最精采的一幕。

弁慶最後在衣川高館受襲力戰身亡。傳說弁慶死時身中數箭，但依然站立不倒（「立往生」）。臨死前依然站在主君之前，不願退卻，這種精神數百年來受到廣大日本人的敬重。

弁慶石。

即使在死後，也還有很多弁慶的傳說。現在三条通及御幸町通路口向東走北邊，可以找到有名的「弁慶石」。弁慶小時候住在三条京極附近。據說他非常喜歡擺在這裡的這顆石頭。弁慶死後，石頭被移到奥州高館。到了室町時代某日，石頭竟發出悲鳴，說是想回到三条京極，結果造成疫病流行，使得當地人非常害怕，以為是弁慶的鬼魂作祟。直到亨德三年（一四五四），石頭終於回到京都。輾轉經過五百年，最後安置在三条通現址。

武藏坊弁慶的故事正史著墨甚少，但是民間的傳說卻很多，顯示武藏坊弁慶的傳說深入日本人心。

義仲狂妄招討伐

在反平氏的各路軍隊中，源義仲雖然率先進入京都，但適逢前年近畿一帶大饑饉，六萬兵馬根本無法正常發送軍餉。兵糧不足，加上軍紀太差，士兵到處搶劫，京都群情激憤。壽永二年（一一八三）

旅人隨想

清水寺舞台

清水寺是京都地標之一，尤其是本堂前的舞台。令我好奇的是，出現在書上或網路上的清水寺舞台，總是左側側面照。為何沒有正面的照片？本堂舞台對面是子安塔。於是我在下山前，繞道到子安塔看看。

到子安塔的途中，我終於看見清水寺台正面的模樣。正興奮觀賞時，有人走過，冷冷說了一句：「還是那邊好看！」這句話解開了我的疑問。

原來，作家或攝影家總是希望將最美好的一面呈現出來，於是讀者總是只會看到清水寺舞台的側面。至於它的正面或底下的支柱，比較不好看的那一面，就留給有興趣的人研究了。

從子安塔所見之清水寺舞台。

九月，義仲在後白河法皇要求追回天皇三神器的旨令下，向西追擊平氏。不料在閏十月於備中水島（今岡山縣倉敷市）大敗（水島之戰）。之後並連吃敗仗，最後狼狽逃回京都。

在此期間，後白河法皇多次密召鎮守關東的源賴朝到京都討伐義仲。賴朝希望法皇能承認他在東山道及東海道的支配權，令法皇頭痛不已，但是義仲的問題實在太大（甚至還要求法皇讓他成為天皇的候選人），十月，法皇終於答應賴朝的條件。

十一月，法皇心腹平知康召集僧兵舉兵，與義仲軍在法住寺發生戰鬥（法住寺合戰），結果法皇被義仲拘禁。十二月，賴朝派兩個弟弟源範賴及源義經前往京都討伐義仲。第二年元曆元年（一一八四）一月，源義經與源範賴進入京都。義仲方面此時已經軍心渙散，部將能降則降，士兵紛紛逃竄，在對義經的宇治川之戰中，根本召集不到足夠的兵馬。

宇治川之戰雙方軍力懸殊，義仲只有約五百騎，而義經卻有三萬兵馬。義仲敗陣後北逃，在近江粟津（今賀滋縣大津市）遭殺害，自此源賴朝成為討伐平氏最大力量。

「日本第一大天狗」後白河上皇

在源平爭戰中，還有一名重要的人物，那就是號稱「日本第一大天狗（一種妖怪，在此比喻動亂之源）」的後白河上皇。後白河上皇所處的時代正是日本政治的轉變期，院政混亂的體制讓武士有介入鬥爭的機會，政權反而落入武人手中。做為朝廷的中心人物，後白河上皇無法用武力取勝，只好以智慧力抗武士集團，為避免政權落入武士手中做最後的掙扎。

法觀寺八坂塔，木曾義仲最後埋首之處。

後白河上皇採取的策略是讓武士相互爭戰，以削弱他們的武力。首先在保元之亂時，後白河上皇聯合平清盛，打敗與之相爭的崇德上皇。平清盛掌權後，又利用木曾義仲擊垮平氏。在義仲成為頭痛問題後，就要求義仲追討平氏，再暗中要求源賴朝上京都討平義仲。然後是企圖利用義經與鎌倉對抗。

白河上皇的策略最後沒有成功。歸根究柢，可能

三十三間堂（蓮華王院）。

法住寺殿址。

是因為朝廷始終沒有自己的軍隊，即使想漁翁得利，卻連個接收戰利品的人都找不到。

後白河上皇死後葬在法住寺殿。法住寺原創於平安中期，後白河上皇時擴展成為法住寺殿，為實施院政的中心。法住寺合戰時，燒燬大半。後白河上皇死後葬於殿內，之後法住寺就成了其陵墓的守護寺，直到明治時期陵墓才由政府接手管理。

除了法住寺之外，當時遺留至今的還有壯觀的三十三間堂。歷代佛師精工細雕的佛像，數目之多，令人嘆為觀止。

一之谷合戰

木曾義仲敗亡後，源氏軍開始向西追平氏軍，第一場重大戰役，就是爭奪福原（今兵庫縣神戶市）的一之谷合戰。

平氏在退出京都後，一族前往四國，以屋島（今四國高松市）為基地，並且趁義仲與賴朝爭戰時在福原一帶重整戰力，圖謀再度奪回京都。

義仲死後，源氏兵分二路進軍攻往播磨平原。一路是範賴由攝津正面進攻福原，另一路義經繞道丹波。當時要進入福原有三個隘口：生田口、夢野口、鹽屋口，平家在各路均派重兵防守。範賴的部隊由生田口進入。義經由丹波進攻時在三草山擊退平資盛。接著兵分二路，土肥實平往鹽屋口、安田義定往夢野口。源氏軍三路都與平氏軍形成對峙。

正當戰情陷入膠著時，義經率領七十多騎突然由一之谷平家陣地後方的山崖直衝而下。平氏軍沒料到敵人會由這樣險峻之地攻入，一時大亂，各個陣線也陸續被破。平氏軍最後乘船逃至四國。源氏軍

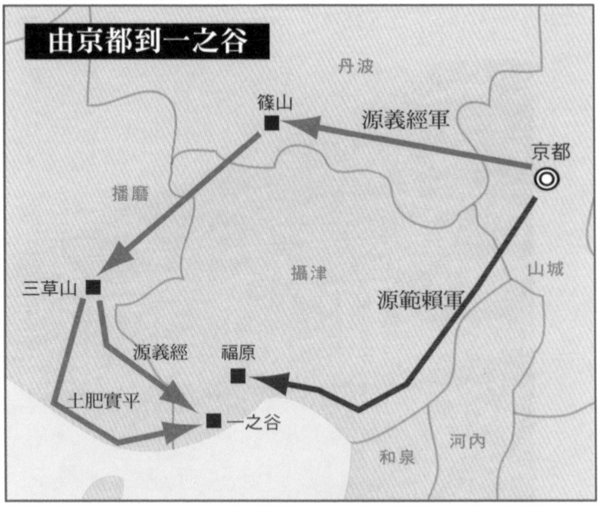

一之谷是神戶通往西國的交通要道。

因無水軍，無法追擊。

在這場戰役中，平氏一門有通盛、忠度、敦盛、業盛、經正、經俊、知章、師盛、盛俊等人戰死，平重衡則是被捕最後送往奈良處死。平氏損失相當慘重。

一之谷合戰的關鍵是義經自平家陣地後方的一擊，但確實地點至今說法不一。有人認為是現在一之谷附近伏鉢山及鐵拐山之間的地方，但有人認為是在鵯越一帶，兩地相差近十公里。

一之谷平敦盛塚。

屋島合戰

一之谷合戰之後，源義經回到京都，受到法皇及貴族們歡迎。但是他忘了賴朝之前告誡源家諸將「朝廷官位必須經過鎌倉大人（源賴朝本人）允許」，私自接受法皇數次破格封官，並且比賴朝先一步得到昇殿的資格。對義經的行為，賴朝十分惱怒，遂拔去義經軍隊指揮官之職，由範賴全權率領源氏軍討伐平氏。

範賴的西征軍雖一路攻打至關門海峽，但是後備遭到切斷，士兵厭戰情緒升高，一度瀕臨潰敗。此時義經在京都一再受後白河法皇重用。一則前方戰事吃緊，再則要讓義經納入自己的控制，賴朝不得不再度起用義經，令他率軍攻擊平家在瀨戶內海的基地屋島（今德島縣高松市）。

在這次攻擊中，義經再度採取奇襲戰術。當時天候不佳，不利出航，但是義經獨排眾議，率領一百五十騎、五艘船隻在風雨中由渡部（今大阪附近）

出發，在四國的勝浦（今德島縣德島市）登陸。然後連夜行軍至平氏當時的大本營屋島後方。由於軍力不足，義經在附近村莊放火，虛張聲勢，平氏軍以為奇襲再次上演，匆忙退至海上才知受騙。平氏軍多次試圖登陸失敗，最後源氏軍援軍到達，平氏軍不得不退出屋島。

屋島合戰之後，四國各方勢力紛紛向源氏軍輸誠，平氏失去瀨戶內海控制權，加上此時源範賴大軍已經登陸九州北部，平氏僅剩位於本州最南端長門國的彥島（今下關市南）這個最後據點。源平百年最後一戰，終於來臨。

決戰壇浦

壇浦位在關門海峽（日本本州南端，與九州最接近之處）北岸。屋島之戰後，平氏軍退守到關門海峽南邊的彥島；源氏軍則由源義經率領船隻八百餘艘，直向關門海峽。

元曆二年（一一八五）三月二十四日，源平二軍在壇浦展開決戰。源氏軍在滿珠島及干珠島海面布陣，平氏軍則在田浦海面布陣。

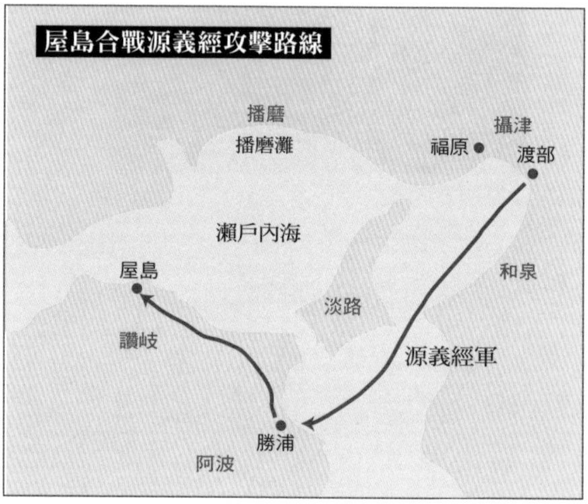

早上六時，平氏軍首先發動攻勢。一開始因為潮流由西向東（由平氏軍流向源氏軍），平氏占優勢。源義經眼看情勢危急，再度發揮他的智慧，一反當時交戰慣例，命弓箭手攻擊平氏船隻的舵手，失去舵手的平氏船隊只能漫無目標地漂流。中午過後潮流反轉，加上部分船隊叛逃，平氏船隊反而居於劣勢。接戰至下午，平氏敗陣，主帥平宗盛被縛，平清盛之妻二位尼抱著安德天皇投海，平氏數十年來基業至此覆滅。

雖有血源之親，亦忌功高震主

壇浦合戰後，義經凱旋回到京都，受到熱烈歡迎，但是他的命運卻急轉直下。

此時有幾件事傳到賴朝的耳中。其中之一是來自梶原景時。景時與義經參與了一之谷、屋島、壇浦等戰事，在他給賴朝的報告中，描述義經在各次戰役中專斷獨行。另外一件是源範賴向賴朝訴苦，說義經引進的熊野水師傳聞已到了九州，這對負責管理九州的他而言非常沒有面子，希望賴朝處理。

部屬的不滿可能來自搶功，更可能來自義經的特質。一之谷合戰，眾人只看到義經突如其來的致命一擊，卻很少提到在三個關口苦苦牽制平氏軍的部隊。同樣，義經在屋島的突襲讓平氏軍退至海上，梶原景時率領的一百多艘船來援時，因為為時已晚，竟受到嘲笑。壇浦合戰時，義經身為總大將，

橫跨九州與本州關門海峽的關門大橋，壇浦就在對岸。（攝影　陳錦輝）

卻搶著當先鋒，一點功勞也不給其他人，更是前所未聞。凡此種種，都讓義經在軍中樹立了很多敵人。

但是義經最大的敵人，恐怕是他最敬愛的兄長賴朝。一之谷合戰後，義經擅自接受法皇賜予的官職，讓義經和賴朝之間產生嚴重的裂痕。義經更早得到朝廷的官位，可能激怒了賴朝；但更重要的是，義經不把他的命令當一回事，讓賴朝無法面對其他服從命令的將領。再這樣下去，賴朝如何指揮部屬？一之谷合戰後，賴朝將義經冷凍在京都，其實已經給義經機會，讓他好好反省了。沒想到義經似乎沒有參透一些做人做事的道理，之後發生的悲劇也就不足為奇了。

賴朝在聽取了部屬的報告後，再次下令解除義經的指揮權。驚恐之餘，義經寫信向賴朝輸誠，並且押解平氏成員前往鎌倉。但此時的賴朝似乎心意已決，義經一行到達鎌倉外的腰越時，被人擋下。

久久等不到許可的義經，寫了一篇感人的〈腰越狀〉給賴朝，表明決無叛變的心跡，然後失望地回到京都。但這封〈腰越狀〉似乎沒有打動賴朝，為免義經成為後患，賴朝隨後就派人到京都將之刺殺（堀川夜襲），但是沒有成功。此舉激怒了義經，終於讓兄弟倆恩斷義絕。義經立即向後白河上皇請旨令，準備發動西國九國之軍討伐賴朝。

雖然義經在戰場上是個戰爭天才，政治操作卻遠不如賴朝。賴朝數天之內即召集人馬進攻京都，義經卻遲遲無法募到足夠兵力。眼看敵眾我寡，在賴朝軍隊還沒有抵達京都前，義經就倉皇逃出。此後一年，義經東奔西逃，最後不得不再度投靠奧州藤原氏。

魂斷平泉一戰神

文治三年（一一八七）二月，義經進入奧州平泉。當時藤原氏還是秀衡當家，對他十分禮遇。不料同年十月秀衡就去世了，由其子泰衡接任。義經此後雖然仍受藤原氏庇護，來自賴朝及朝廷的壓力卻不斷增加。

文治五年（一一八九）閏四月三十日，泰衡為了阻絕賴朝征討奧州的藉口，令家臣率領五百餘騎，急攻住在平泉衣川畔高館的義經。黎明時分，藤原軍發動攻勢，在重重包圍下，義經完全沒有逃生的可能。激戰中，義經的部屬龜井重清、駿河清重、喜三太、片岡為春等人紛紛倒下，武藏坊弁慶滿身是箭，立往生。義經不願與庇護他的藤原氏動手，在激戰中退入佛堂，親手殺了妻子及女兒後自殺，結束他短暫但輝煌的一生。三十一歲，一手擊潰平氏政權的戰爭天才，最後含恨平泉高館。

事後，泰衡派人將義經首級送至鎌倉，向賴朝請罪。但是此舉並沒有影響賴朝的決心。七月，賴朝發令六十六國，三路征討奧州。八月，賴朝軍攻入平泉，繁華百年奧州藤原氏的黃金王朝終於落幕。

賴朝此舉固然是不要留下後患，背後卻有更深一層的策略。

在奧州征伐之前，即使賴朝已經滅了平氏，但他和各地武士團之間僅有鬆散的關係。奧州之戰後，參戰的武士團從賴朝手中分配到優厚的賞賜，沒有追隨的武士則受到處分。源賴朝利用遠征奧州的機會，正式建立了他和各國武士之間的主從關係，也宣告日本此後將由武士建立的幕府支配。

從此武士治國七百年

走在鞍馬到貴船的山道上，遇到險境時，那個年輕人勤練劍術的樣子就會出現在腦海中。到底他在這裡學到什麼武藝，為何總能在關鍵時刻給予敵人致命一擊？可惜的是，荒野之中畢竟無嫺熟廟堂的師父。少了政治這一課，源義經最後也僅成為「戰神」，為人所用，無法開創大局。

無論如何，源義經的幾場勝利幫助他的哥哥建立了日本第一個幕府。源賴朝建立鎌倉幕府後，日本進入七百年武士治國的局面。直到明治天皇之前，皇室與朝廷幾乎沒有實權，僅能在武家政權下苟延殘喘。

源義經事件簿

久安元	一一四七	源賴朝出生。
保元元	一一五六	保元之亂。
平治元	一一五九	源義經出生。 平治之亂。
平治二	一一六〇	源義朝被殺。 源賴朝流放伊豆。 源義經之母常盤被捕。
永萬元	一一六五	牛若丸入鞍馬寺。
仁安二	一一六七	平清盛任太政大臣。
嘉應元	一一六九	後白河上皇出家。
承安四	一一七四	遮那王（牛若丸）前往奧州，途中行成年禮，取名源義經。
治承三	一一八〇	安德天皇即位。 以仁王之檄。 平清盛遷都福原。 源賴朝在伊豆起兵。 源義仲在木曾起兵。 富士川合戰，平氏軍大敗。 源賴朝與源義經相會。 平重衡南都燒討。
養和元	一一八一	平清盛去世。 源義圓（乙若）戰死。

平清盛。

壽永二	一一八三	利伽羅峠合戰，源義仲大敗平氏。 平氏一族逃出京都。 源義仲入京都。 法住寺殿合戰。
元曆元	一一八四	宇治川合戰。 源義仲戰死栗津。 三草山合戰。 一之谷合戰。
文治元	一一八五	屋島合戰。 壇浦合戰，終結平源百年合戰。 源義經入鎌倉受阻，發〈腰越狀〉。 源義經處死平宗盛。 源賴朝派人暗殺義經。 源義經出奔九州失敗。
文治二	一一八六	源行家被捕遭處死。
文治三	一一八七	源義經到達奧州。 藤原秀衡去世。
文治五	一一八九	平泉衣川高館之戰，源義經自殺。 源賴朝平定奧州。
建久三	一一九二	源賴朝就任征夷大將軍。
正治元	一一九九	源賴朝意外去世。

源義經。

源賴朝。

源義經歷史風景簿

忠盛燈籠	京都市東山區祇園町北側625番地（八坂神社舞殿東邊）
六道之辻碑	京都市東山區松原通西福寺旁
六道珍皇寺	京都市東山區松原通東大路西入
六波羅蜜寺	京都市東山區松原通大和大路東入
六波羅第跡碑	京都市東山區六波羅裡門通東入多門町155（洛東高中大門內左側）
牛若丸誕生井、牛若丸胞衣塚	京都市北區北山通船岡東通下ル西側紫竹牛若町
左女牛井跡	下京區堀川通五条下ル西側
由岐神社	叡山電鐵鞍馬站到鞍馬寺之山道
鞍馬寺	京都市左京區鞍馬本町1074（叡山電鐵鞍馬站步行30分鐘）
鞍馬山木之根道、奥院魔王殿、僧正谷不動堂	鞍馬寺往貴船之山道
貴船神社	京都市左京區鞍馬貴船町180（叡山電鐵貴船口站30分鐘）
松原橋（舊五条橋）	松原通河原町東
清水寺	京都市東山區清水1-294
五条天神宮	下京區松原通西洞院西入天神前町
五条大橋義經與弁慶像	五条通河原町東
弁慶石	京都市中京區三条通麩屋町東入
法觀寺八坂塔	京都市東山區八坂上町
三十三間堂（蓮華王院）	京都市東山區三十三間堂迴町（京阪電鐵七条站東行2分鐘南側）
法住寺殿址	京都市東山區三十三間堂迴町
一之谷	兵庫縣神戶市須磨區一ノ谷町（山陽電鐵本線須磨浦公園站）
屋島	香川縣高松市屋島地區
壇浦	山口縣下關市壇浦町
腰越滿福寺	神奈川縣鎌倉市腰越二丁目4-8
平泉高館義經堂	岩手縣西磐井郡平泉町

應仁之亂

京都史上破壞最鉅的兵燹之禍

將軍無能亂蒼生，
一場十年戰事，一座破碎京城。
烽火連綿後，京都文化開枝散葉，
戰國大名爭鋒天下，
這場日本歷史的大轉折，
是該垂淚惋嘆，還是冷眼笑看？

無可替代的銀閣，出自昏庸無能的將軍。

京都大德寺真珠庵的介紹文上，寫著「真珠庵大德寺塔頭，永享年間（一四二九～四一）以一休禪師（宗純）為開祖創建，應仁之亂燒失……」。

真珠庵的介紹文並不是特例。走過京都的古蹟，介紹文中經常可見「応仁の乱」四字。同時出現的則是「燒失」兩字或它的同義詞。

應仁之亂發生在應仁元年（一四六七）。從這一年開始，為了室町幕府足利將軍家、重臣斯波家及畠山家的繼承問題，重要大名集結為東西二軍。二十多萬人在京都爭戰十年，上京一帶寺院住宅多成廢墟，其中包括金閣寺、大德寺、相國寺等大寺，以及將軍宅邸「花之御所」。

三家爭亂，亂上加亂

應仁之亂發生在室町幕府八代將軍足利義政在位期間。當時的將軍足利義政無心政事，反倒熱愛文化藝術，二十九歲時就想退位去過舒適的生活，無

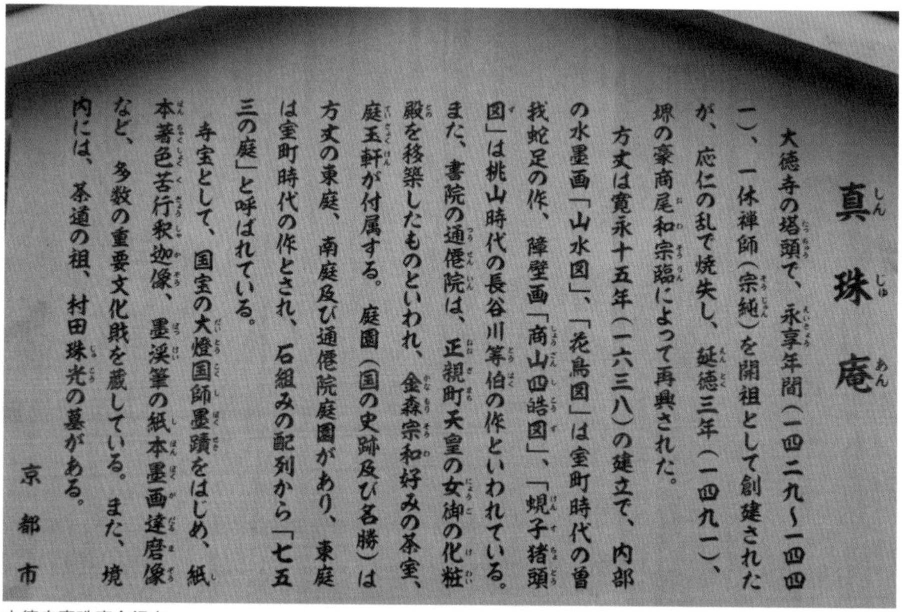
真珠庵
大徳寺の塔頭で、永享年間（一四二九～一四四一）、一休禅師（宗純）を開祖として創建されたが、応仁の乱で焼失し、延徳三年（一四九一）、堺の豪商尾和宗臨によって再興された。
方丈は寛永十五年（一六三八）の建立で、内部の水墨画「山水図」、「花鳥図」は室町時代の曽我蛇足の作、障壁画「商山四皓図」、「蜆子猪頭図」は桃山時代の長谷川等伯の作といわれている。
また、書院の通僊院は、正親町天皇の女御の化粧殿を移築したものといわれ、金森宗和好みの茶室、庭玉軒が付属する。庭園（国の史跡及び名勝）は方丈の東庭、南庭及び通僊院庭園があり、東庭は室町時代の作とされ、石組みの配列から「七五三の庭」と呼ばれている。
寺宝として、国宝の大燈国師墨蹟をはじめ、紙本著色苦行釈迦像、墨渓筆の紙本墨画達磨像など、多数の重要文化財を蔵している。また、境内には、茶道の祖、村田珠光の墓がある。
京都市
大德寺真珠庵介紹文。

奈膝下無子，無人繼承將軍一職。最後義政說服了已經出家的弟弟義視還俗，成為足利家的家督。

家督是武家一族之長，對家族的財產及家臣、甚至前任家督及家臣都有管理權。義政讓義視成為足利家的族長，等於宣告一旦義政退位，義視就要成為下一任將軍，而且不久就會實現。

義政並指定幕府三管領之一的細川勝元為監督人，保證義視的繼承權。管領是將軍之下幕府最高行政官，當時細川一族總共掌管八國之地，勢力龐大。讓細川勝元成為監督人，等於給了義視有實力的靠山。義政還向義視保證，即使日後生下兒子，也要讓他出家，不會影響義視的地位。義政算是為弟弟繼任將軍一事做足了功夫。

沒想到一年後，久久生不出兒子的義政夫人日野富子居然生下一子（足利義尚），讓義政和義視兄弟之間產生了莫名兩難的局面。義政因為之前的承諾，態度比較消極，但是日野富子可就不是這樣子了。

日野家在將軍家的勢力早已根深柢固，義政的母親及妻子都是出身日野家，簡直就是在日野家的掌握中成長的。義政將家督之位讓給義視，日野家早就心存不滿，無奈日野富子自己生不出兒子，只能隱忍，如今有了兒子，豈有退讓之理。為了兒子的將來，日野富子於是積極聯絡另一個具有實力的山名家族（領有八國之地），要推翻義視的繼承權。

此時，另外兩個重要家族（斯波家及畠山家）也因為繼承權問題，而與細川勝元及山名宗全結盟。

斯波家是斯波義敏及斯波義廉的內鬥。義敏在享德元年（一四五二）繼任家督。長祿三年（一四五九），將軍義政解除了義敏家督之位，讓義敏之子松王丸繼任。寬正二年（一四六一）松王丸被罷，由義廉任家督。文正元年（一四六六）八月，義政又讓義敏任守護，義廉下台。九月，義廉又得守護一職，義敏下台。應仁元年（一四六七）元月，義廉得山名宗全之助，任管領。斯波家由一四五九年開始，紛爭一直持續到一四六七年。

畠山家的義就及政長爭鬥的歷史更是久遠。寶德元年（一四四九），幕府重臣畠山持國要將家督之位傳給親生兒子義就，引起支持養子彌三郎（政久）的家臣不滿。畠山家分裂，君臣、兄弟及家臣間開始相互攻擊。享德三年（一四五四）年底，將軍義政讓義就繼任畠山家家督。寬正元年（一四六〇），將軍義政為懲罰義就，又讓政長（彌三郎之弟，彌三郎死後政長成為該派首領）任畠山家家督，並且派遣細川勝元討伐義就。寬正五年（一四六四），政長代表畠山家任管領。應仁元年（一四六七）元月，將軍義政接受山名宗全的建議，解除了畠山政長的管領職及家督之位，並認可義就為畠山家的家督。直到應仁之亂發生時，畠山家的紛爭也已經十八年了。

無能將軍進退失措

從斯波家及畠山家長年的爭端中看出，將軍足利義政在其間扮演的重要角色。將軍家反覆不定固然是造成大亂的原因，但根源則是將軍與重臣之間長久以來的矛盾。

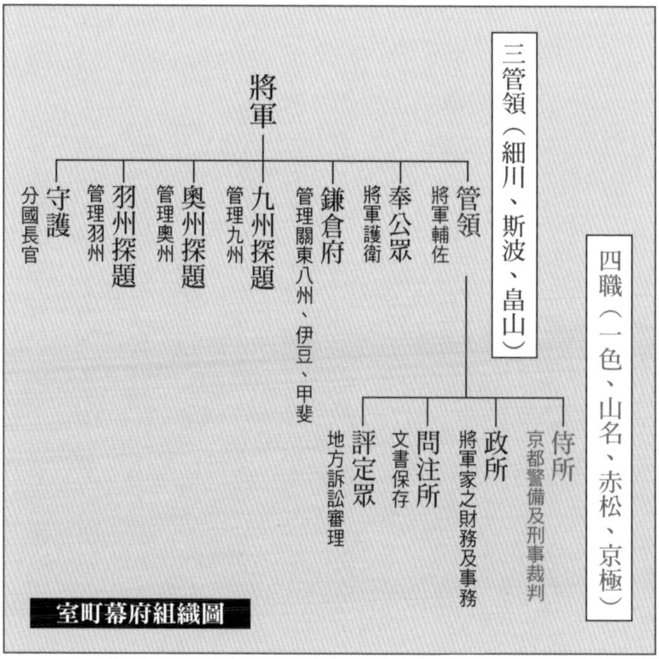

室町幕府組織圖

室町幕府的中央機構在三代將軍足利義滿之後漸漸成熟。室町幕府中，將軍之下設有「管領」，協助將軍管理政務，是幕府最高行政長官。管領的職務由細川、斯波、畠山三個家族擔任。管領之下設有「侍所」「政所」等機構負責不同的政務。其中侍所掌管京都的軍事及刑事權，權力僅次於管領。侍所長官「所司」一職一向由赤松、一色、京極、山名四家輪流擔任。這七個家族，統稱為「三管四職」。

在地方上，幕府在各國設有「守護」，委以管理該國之責。有些守護也在中央任職，因此設有「守護代」，幫守護管理領地。由於守護採世襲制，代替幕府管理的土地往往逐漸變成自己的領地。有些守護大名還兼任數國的守護，勢力龐大，任職於中央的大名，更能影響政局。其中所謂「三管四職」七大家族，因為領國甚多，更是幕府中央最有權力的家族。

室町幕府建立之初，權力分配就一直在專制及分權之間擺盪。將軍當然希望專制，所有人都聽他的；各「御家人」（有力家族）則希望分權，重要事希望由將軍及各大家族合議決定。

在室町幕府剛建立時，因為仍處於南北朝對立狀態，一代及二代將軍不得不給各大家族更多權力。三代將軍足利義滿掌權後，開始分化及討伐有力家族，壓制他們的勢力，這是室町幕府將軍最有權力的時期。到了六代將軍足利義教在位時，幕府還能控制各地的大名。但是義教在嘉吉之亂（一四四一）中被大將赤松滿祐刺殺後，各地大名袖手旁觀，幕府無力立即發兵懲治，直到兩個月後才由與赤松滿祐有過節的山名宗全領軍討伐。幕府威望至此大落，山名家勢力抬頭。七代及八代將軍即位時都還不到十歲，更助長了有力大名的聲勢。

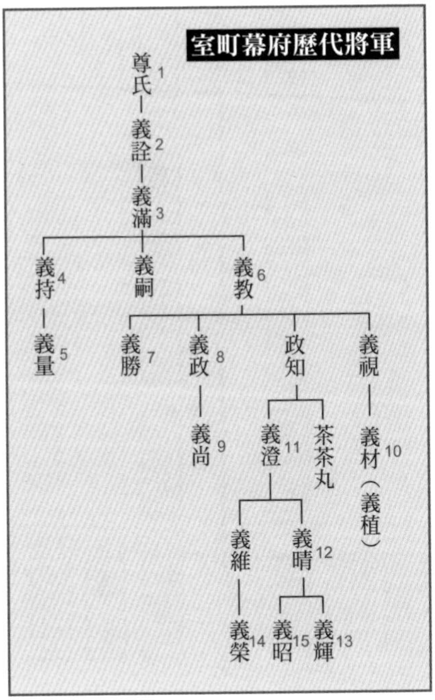

八代將軍足利義政其實是個文化人。以他為中心的東山文化，在日本文化史上有著屹立不搖的地位。政治上他卻是個無能的將軍，在位期間，政務掌握在母親日野重子、妻子日野富子、側室今參局以及近臣手中。一如前幾代的將軍，幕府依然想壓制有力大名，於是經常插手大名家族內家督繼承問題，甚至以將軍的名義直接指揮大名的家臣，嚴重挑戰大名的家族制度。畠山家及斯波家的家督問題就是最明顯的例子。

當時家族的長子不一定能繼承家督。家督繼承有問題時，由地位較高的將軍仲裁，理應能夠解決。但是義政可能想模仿前代將軍，以家督之位分化削弱大名的力量，於是不斷反覆介入指定或剝奪家督之位的過程，讓當事人處在不安定的狀態之下。將軍的話既然靠不住，只好投靠有力大名，以實力做為後盾。諷刺的是，將軍家本身發生繼承問題時，竟也採取相同的方式解決。

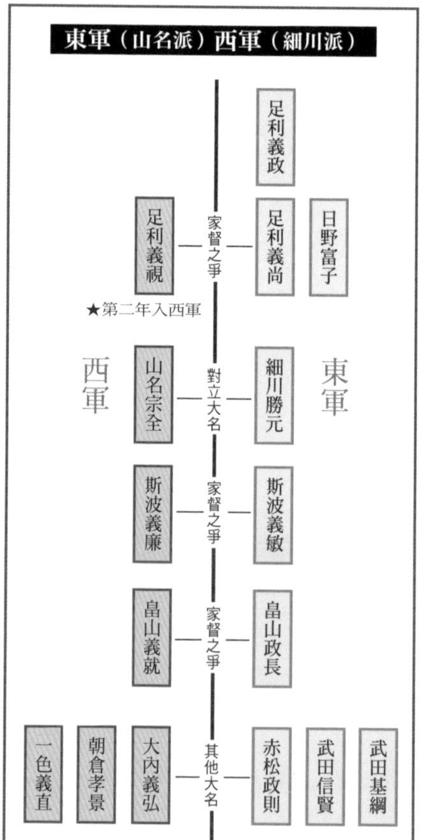

於是，將軍家、斯波家、畠山家三個家族因為繼承人的問題導致內部分裂，並以當時最有實力的細川勝元及山名宗全為中心集結成兩股勢力。

十年之戰蹂躪京城

兩派對立的局勢逐漸形成，情勢如同不斷膨脹的壓力鍋，愈來愈緊張。

應仁元年（一四六七）一月十八日早上，大戰終於在上御靈神社（御靈神社）爆發。稍早之前，將軍義政在山名宗全的壓力下解除了畠山政長的管領職及家督之位，並認可畠山義就為畠山家家督。政長被罷免，又被要求交出畠山家的宅邸，一氣之下在一月十七日燒了自宅，並在上御靈神社附近森林中布陣。義就在山名派的支援下攻擊政長。激戰一日後，政長不敵敗走。

御靈神社之戰後，山名派的大名以勝利之姿引兵歸國，而細川派則不動聲色。五月二十五日，細川派突然發動攻勢，占領幕府將軍宅邸「花之御所」，將天皇家及將軍家（義政、義視、義尚及日野富子）納入勢力範圍內，並且擊敗山名派（上京之戰）。細川派還得到官軍的名分，取得政治及軍事上的雙重勝利。山名派大名則失去了所有幕府中的官職。

不過在援軍到達京都並得到西國有力大名大內政弘的支援後，山名派聲勢大漲。雙方開始在京都展開大規模戰鬥。從應仁元年（一四六七）起，七年之間京都成了戰場。

旅人隨想

東求堂

東求堂一點都不吸引人。在銀閣寺庭園裡，最顯眼的是銀沙灘、月見台，接下來大部分人會將眼光投向銀閣。東求堂在本堂旁，有點像故意躲在邊邊；一直要等到我們稍稍了解東山文化在日本的重要性後，它才從林中放射出萬丈光芒，甚至蓋過另一頭的銀閣。

當時細川勝元方面號稱兵力十六萬，大本營設於相國寺。山名宗全兵力有十一萬，大本營設在位於堀川通的自宅。因為布陣位置的關係，細川派被稱為「東軍」，而山名派被稱為「西軍」（西軍本陣所在的區域自此被稱為「西陣」）。

東西二軍數萬軍隊一下全湧入，對京都造成極大的破壞。據《應仁記》記載，開戰不到一個月，下起二条，上到御靈辻子，西起大舍人，東至室町，境內百餘町、公家、武家、大小人家，三萬餘屋，盡付灰燼。

這種大規模的戰事大多發生在初期兩年間。應仁元年九月至十月，南禪寺、東岩倉、相國寺、船岡山陸續發生大戰，之後在山科、醍醐、嵯峨、伏見等地也發生戰事。但是此後戰事就陷入膠著，雙方都沒有辦法取得決定性的勝利。東西軍人馬堅守陣地，以「足輕」（步兵）相互攻擊。

應仁之亂所以會對京都造成重大的傷害，除了初期大規模戰事外，有很大的原因是這種以步兵為主

旅人隨想

百百橋

百百橋的礎石是應仁之亂中少數留下的遺跡。應仁元年五月，應仁之亂第一次大規模戰事上京之戰爆發，東西二軍在小川上的百百橋對峙，數度激戰。百百橋在近世改為石橋。一九六三年，小川被埋，石橋拆除，原橋體移到洛西竹林公園復原，只有這一塊礎石（橋墩的基礎）留在原來的地方（今小川通），為歷史做見證。

為歷史做見證的百百橋礎石。

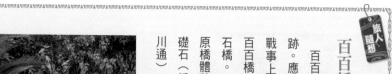

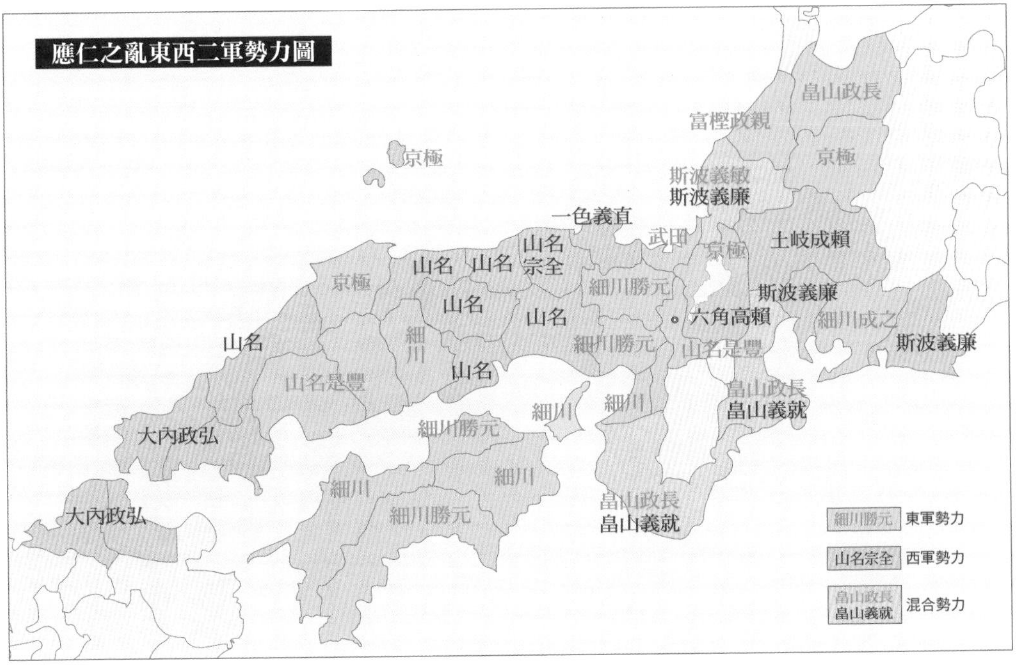

相國寺。應仁之亂主戰場之一，境內建築幾全毀於戰火。

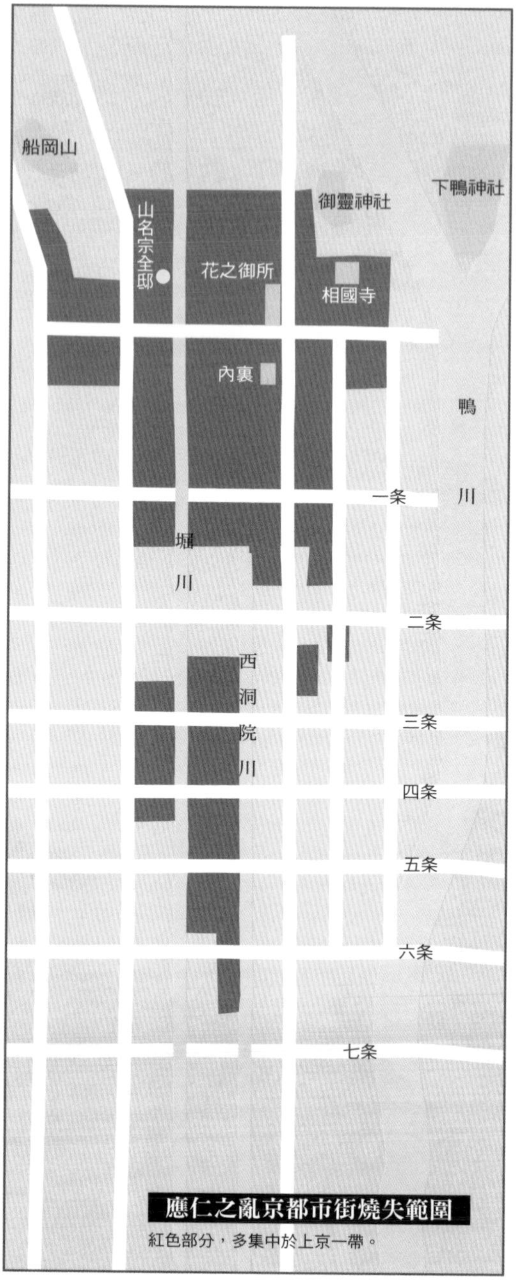

應仁之亂京都市街燒失範圍
紅色部分，多集中於上京一帶。

的游擊戰。

當時因為戰事持久，兵源缺乏，很多召募而來的步兵不是浪人就是破落農村的失業人口。對他們而言，戰爭提供的是奪取糧食及財物的機會，不趁此時掠奪更待何時。參戰的大名也經常發不出糧餉，必須向將軍夫人日野富子借高利貸。此外，為了削弱對方的作戰能力，放火燒掉對方屬地中的住宅、寺院神社以及周圍町屋，也是必要的手段。於是步兵搶劫放火、形同盜匪的行為，就成了家常便飯。

京都在漫長的戰爭破壞下，許多地方成了廢墟，尤其是主戰場所在的上京區，公家、武家、寺院神社盡成灰燼。《應仁記》中就描述說，這些地方成了荒野，只剩下狐狸可住了。

下京區則因為有町眾武裝自保，情況不若上京嚴重。町眾組織後續也成了京都庶民文化的一大特色。

與此同時，地方的戰事也陸續展開。由於東西二軍勢力範圍犬牙交錯，戰火在多處點燃，有的領國內甚至發生守護代起兵反叛守護，或者西軍轉為東軍、東軍轉為西軍的情形。地方上的戰事不像在京都那般壁壘分明，只能以一場混戰形容。

戰事持續到第七年的文明四年（一四七二），東西二軍開始有談和之意，但內部主戰派反對，甚至威脅主帥不得談和。次年三月，西軍主帥山名宗全病死；五月，東軍統帥細川勝元也去世，和談之議再起。

文明六年（一四七四）四月，東西軍主將山名政豐與細川政元宣布停戰，戰事暫歇。但戰爭尚未結束，雙方主戰派拒絕停戰，繼續滯留京都，進行無謂的戰鬥。文明九年（一四七七），將軍夫人日野富子出面調停，西軍主力大內政弘退出京都。

京都文化開枝散葉

應仁之亂對京都造成的嚴重破壞，可謂空前。但是這場戰爭同時也對整個日本歷史造成兩大深遠的影響。

南禪寺。另一個主戰場。

御霊神社

Hair Saloon Saitoh
ゆば長

1-御靈神社，應仁之亂爆發地。

2-「從是東北　足利將軍室町第址」碑。此碑東北原是花之御所，現在已不見蹤跡。

3-「應仁之亂勃發地」碑。

4-「西陣」碑，西陣地區最重要的標，出自三宅安兵衛家族。

5-「山名宗全邸跡」碑，標示此附近為西軍總部所在。

4 3 1
5 2

自古以來日本文化的發展一向以關西地區為重心，即使中間源賴朝在鎌倉建立了掌握大權的幕府，鎌倉文化深度仍與京都相去甚遠，其他地方就更不用說了。這個情況卻因為應仁之亂有了重大的改變。

京都大亂之時，居住在戰亂核心的貴族名僧紛紛逃離京城，往各地避難。南至九州，北到關東，都有這些人的足跡。另一方面，自古以來京都被視為天朝所在，京都文化一向為各地大名及人民仰慕。各國大名為了提高領國內的文化，常會收容京都來的公卿僧侶，甚至重金召請有名人士。朝廷的貴族及寺院的僧人是當時的知識份子的代表，避難到各地的公卿僧侶，就把原來屬於京都及宮廷的文化帶到全國各地。

桂庵玄樹（五山派禪僧，朱子學者）至九州薩摩創立薩南學派，把儒學推廣到九州。雪舟（山墨畫家，人稱「畫聖」）受大內氏庇護，活躍於山口一帶。南村梅軒（朱子學者）避居土佐，為南學之開祖。宗祇（連歌師）周遊各國，使連歌在各地流行。這些都是有名的例子。

千本釋迦堂本堂，經過應仁之亂少數留存的建築。

當時周防國的山口（今山口縣山口市），是西軍將領大內政弘的大本營。大內政弘一方面在京都作戰，另一方面卻招來各方名人。連歌師、詩畫家往來不斷，山口的城下町成了西國文化中心，號稱「西之京都」。

此外，或因實際生活需要，或因思鄉之情，貴族們也把京都的生活帶到各地，仿照京都的建築、道路、寺院、都市格局，在各地建立了所謂的「小京都」。其中最有名的當屬位於土佐的中村。

應仁二年（一四六八），前關白一条教房逃到領

旅人隨想

不同角度的六角堂

頂法寺六角堂是聖德太子所建，本堂前的六角礎石被認為是京都的中心。室町時期，花道大師專慶在此創立了「池坊流」立花流派。應仁之亂時，這裡成了下京町眾自治中心及生活信仰中心。頂法寺可說是頗有來歷。

最早造訪六角堂是被大門外六角堂的石碑吸引而停下腳步。六角堂的名稱來自本堂的形狀，於是我繞著本堂數，但總是沒有六角的感覺。偶而發現，原來要循隔壁大樓的電梯上去，才可以一探六角堂的真貌。

六角堂大門前。

六角堂本堂。

地土佐幡的中村（今高知縣中村市），將中村建設成與京都相似的城市。此地東西北三面環山，南面開闊，地勢與京都相似，東有後川，西有四萬十川流過，類似京都的鴨川及桂川。一条教房不但打造棋盤式街道，並且建立了許多京都神社的分社。平時舉行連歌會及茶會，每年也會像京都一樣，舉行藤祭（仿葵祭）及大文字送火。從城市格局到文化，十足京都風華。

應仁之亂前，日本文化高度集中於京都。應仁之亂的發生讓這些文化精華往外散播。外逃四散的貴族高僧把屬於京都、甚至皇室宮廷專有的知識帶到各地，大量書籍也經由這些知識份子之手源源不斷傳播到各地，帶動地方文化教育的興盛。文化由中央往地方擴散，算是應仁之亂對日本的貢獻。

戰國大名躍上歷史舞台

應仁之亂另一重要的結果，是開啟了日本的戰國時代。

東福寺芬陀院庭園，傳說出自畫聖雪舟之手。

此前各國是由幕府指派的守護大名掌理。即使各領國的守護漸漸有獨立的能力，但是幕府仍能利用幕府的威嚴及守護家族內部的矛盾控制各領國。但是應仁之亂時，幕府自顧不暇，有實力的守護大名於是紛紛脫離掌控。此外，許多大名忙於戰事，無暇管理領國內的事務，有些大名則因戰事失利而實力大減，結果被領國內有實力者取而代之。

最常見的情況是守護代及其家臣，或自立門戶，或取代守護成為大名。有名的例子是原為斯波義廉守護代的越前國的朝倉敏景（孝景），在應仁之亂時投靠東軍，與主君義廉所屬的西軍對峙。最後斯波氏勢力漸弱，無力阻止朝倉氏獨立。朝倉氏後來成為越前大國，在與織田信長爭霸時，讓信長吃足了苦頭。

朝倉氏的叛主行為對各國守護的家臣造成很大影響。既然有實力就可以取而代之，那麼背叛主君有何不可？這種想法鼓動了許多有實力的家臣，也讓各國大名開始警惕。朝倉敏景的背叛可說是下剋上

的典型示範。

由「國人」成為戰國大名也是常見的情況。所謂的國人，就是長居由當地的武士組成的團體。有實力的國人趁亂，以武力取代守護的位置，為首的武士就成為當地的大名。例如安藝的毛利氏、陸奧的伊達氏、土佐的長宗我部氏，都是原來世居當地的武士。

也有守護大名保存實力、自然而然成為戰國大名者。例如甲斐的武田氏、薩摩的島津氏、駿河的今川氏，都是幕府原來任命的守護大名。

其他還有出身比較特殊的，如伊豆的北条早雲以及美濃國齋藤道三。也許因為出身不明，二人被列戰國時代「下剋上」的代表。齋藤道三人稱「美濃之蝮」，原來侍奉美濃守護土岐氏，憑藉著才能及一連串計策（或者說，奸計）取代了土岐氏成為美濃的霸主。晚年因為繼承問題，在長良川一戰中被長子齋藤義龍所殺。死前心有不甘，發信給他的女婿織田信長，言明把美濃國讓給信長，讓信長師出

斯波氏京都宅邸「武衛陣」跡，在室町通平安女子學院。斯波氏領國在應仁之亂時被今川氏及朝倉氏奪去大半，最後的領土尾張國在應仁之亂後不久也被織田氏奪去。

有名，最後取得了美濃國。

戰國大名與守護大名並不相同。後者必須由幕府指派，為從屬關係，也可以到中央任職，會受到幕府牽制。但是戰國大名與幕府的關係薄弱，必須以實力取勝，獨力管理領國內的一切事務。室町幕府在應仁之亂後，已無力掌握各地大名，將軍有名無實，有時甚至要靠大名的保護才能生存。取代守護大名的戰國大名就像現在的企業主一樣，領著自己的子民開疆闢土，與各國大名相互征伐。

左右搖擺的將軍

足利義政在開戰後不久就對西軍發出討伐令，等於投向東軍，失去了以將軍的高度消弭亂事的機會。文明五年（一四七三）戰事稍歇，義政讓位給義尚，去過他的太平生活。戰後，義政繼續過著文化人的生活，建造了有名的銀閣寺。以他為首的東山文化，占據了日本文化中最重要的位置。

足利義視最初投身東軍陣營，因為細川勝元是他任家督的保證人，看似理所當然。但在東軍的勢力範圍中還有日野富子，義視深怕富子對他不利，惶惶不可終日。應仁之亂爆發後第二年，義視就逃到比叡山，再轉入西軍陣營。

文明元年（一四六九）一月，西軍擁立義視成立西幕府。足利義視的出走剛好解決了原先室町幕府的難題，在義視成立西幕府之前，義政就正式指定義尚為將軍繼承人。戰後義視出走美濃。過了十二年，因為兒子義稙被日野富子推舉為將軍而得以重返京都。

戰亂中掌握將軍家政務的是日野勝元與日野富子兄妹，富子並利用權勢取得龐大財富，日野家在戰後依然牢牢控制著將軍家。一直到日野富子去世之前，九代將軍義尚、十代義稙、十一代義澄，都在日野家的掌控下。

歷史大轉折，只餘蛛絲馬跡

室町幕府在應仁之亂後，由一個半專制的局面進

銀閣寺。應仁之亂後，足利義政為了逃避現實，全心全力投入建造銀閣寺。

入一個失控的時代。幕府將軍名義上是天下共主，但實際上，只要有實力，任何人都可以挑戰將軍的權威。室町幕府後期，實力決定一切，群雄爭戰，留待戰國三雄（織田信長、豐臣秀吉、德川家康）收拾混亂的局面。

即使年代久遠，一些歷史事件的遺跡仍殘留在現實生活中。我們依然可以看到桓武天皇留下的棋盤式街道、後白河天皇留下的三十三間堂。但是應仁之亂情況不同。應仁之亂是日本歷史上一次嚴重的破壞，戰事所及之處幾乎全部毀滅。主要戰場又在京都市中心，很多戰爭的遺跡早已湮沒在現代建築之下。

有趣的是，老天爺總會用一些方法讓歷史留在人們心中。

想像當時洛北一帶一片荒蕪。現在走過洛北一些寺院，見到寺院介紹文上「應仁之亂」四個字，剛好讓我們了解這場戰亂掃過的痕跡。

寶德元	一四四九	四月廿九日，足利義政就任將軍。
寬正五	一四六四	十一月廿五日，足利義尋還俗。
		十二月二日，足利義尋改名為義視。
寬正六	一四六五	十一月廿三日，足利義尚誕生。
應仁元	一四六七	正月十八日，御靈合戰發生，應仁之亂開始。
		三月五日，年號改為「應仁」。
		五月十日，大內政弘從山口起兵上洛。
		五月廿五日，細川勝元占領花之御所，掌握天皇及將軍家。
		五月廿六日，上京之戰開始。
		六月一日，足利義政下令足利義視及細川勝元追討山名宗全。
		六月三日，足利義視任東軍總大將。
		八月廿二日，大內政弘進入京都。

應仁二	一四六八	九月十八日，東岩倉合戰。 十月三日，相國寺合戰。 九月，一条教房逃到土佐中村。 九月十日，足利義視回京都。 十一月十三日，足利義視逃入比叡山。 十一日廿五日，足利義視入西軍。
文明元	一四六九	一月，足利義政指定足利義尚為繼承人。 四月廿八日，年號改為「文明」。
文明五	一四七三	三月十八日，山名宗全去世。 五月十一日，細川勝元去世。 十二月十九日，足利義尚就任征夷大將軍。
文明六	一四七四	四月三日，東西軍達成停戰協議，但主戰派反對，戰鬥持續。
文明九	一四七七	十一月十一日，大內政弘等參戰諸將退出京都，應仁之亂結束。

足利義政。

銀閣寺	京都市左京區銀閣寺町2
大德寺真珠庵	京都市北區紫野大德寺町53
御靈神社（上御靈神社）	京都市上京區上御靈前通烏丸東入（地下鐵烏丸線鞍馬口站東行）
「應仁之亂勃發地」碑	京都市上京區上御靈前通烏丸東入上御靈神社前
「從是東北　足利將軍室町第址」碑	京都市上京區室町通今出川東北角（地下鐵烏丸線今出川站4號出口西行）
「山名宗全邸跡」碑	上京區堀川通上立売下ル一筋目北西角、上京區堀川通上立売下ル一筋目西入北側
「西陣」碑	京都市上京區今出川大宮東入（京都考古資料館前）
相國寺	京都市上京區今出川通烏丸東入相國寺門前町701（地下鐵烏丸線今出川站3號出口東行）
南禪寺	京都市左京區南禪寺福地町（地下鐵東西線蹴上站1號出口北行1分鐘隧道口入）
百百橋（礎石）	京都市上京區寺之內通小川
千本釋迦堂（本堂）	京都市上京區今出川通七本松上ル溝前町
東福寺芬陀院	京都市東山區本町15丁目778（JR奈良線、京阪電鐵本線東福寺站下車九条通東行2分鐘南側）
船岡山	京都市北區紫野北舟岡町
頂法寺（六角堂）	京都市中京區六角通東洞院西入堂之前町248（地下鐵烏丸線烏丸御池站南行六角通東行）

新選組

倚劍江湖，日本幕末最強武士團

江戶熱血男兒投身京都政治旋渦，
倒幕？佐幕？
從池田屋到五稜郭，
勇往直前全無猶豫。
只是時勢所趨，
日本幕末最強武士團，
終究徒留繁櫻飄落的美麗場景。

黑谷金戒光明寺。

炎熱的京都夏夜，在八坂神社左前方的便利商店喝完今天第七瓶飲料後，我沿著四条通往鴨川前去。夜晚的祇園熱鬧不比白天，稀疏的燈光卻顯露出柔美的一面。江戶時代末期，四条通兩旁是整排兩層樓的木屋，道路大部分屬於行人，大隊人馬從這裡通過應該比現在順利。

從四条大橋越過鴨川，眼前是有名的納涼床，當年在沙洲上不知道是不是也這麼熱鬧！走到木屋町通時右轉，往北走去。木屋町通左邊是高瀨川，京都富商角川了以在這裡開闢的小小人工河流，讓附近成了江戶時期京都最繁華的地區。

木屋町通上現在依舊滿是酒肆料亭，映著高瀨川水，充滿浪漫的氣息。當年此地有很多旅店，供外地旅客投宿。旅店間間探查，肯定要花費很多時間。沿著木屋町通北上，最後來到三条通。都快十點了，此地依然燈火通明。往北隱約可以看到金茶寮，往東是昔日東海道起點三条大橋。西邊高瀨川旁安藤忠雄的名作是我對木屋町通的最初印象。

八坂神社。

向西越過三条小橋，我終於循著他們的舊路來到這裡。離三条小橋不遠，熱鬧的商店邊不顯眼處立著一根石碑「維新史蹟池田屋騷動之址」，幕末最強的武士集團新選組揚名立萬的事件，一個半世紀前就發生在此地。

嘉永六年（一八五三）六月三日，美國東印度艦隊總司令培里率領四艘黑色戰艦（後世稱之為「黑船」）進入東京灣，要求江戶幕府與美國建立通商關係。當時距離幕府三代將軍德川家光正式實施鎖國政策以來，已經二百多年了，開放與否，茲事體大。主其事的幕府最高行政官老中阿部政弘不敢自作主張，於是行文天下，要求各藩各界提供意見，並且共同負擔責任。這一個動作使得江戶幕府建立以來被要求只能研究學問的天皇，以及無法參與中央政府決策的外樣大名，有機會躍上政治舞台。從這一年開始，尊王攘夷、公武合體、倒幕、佐幕等各方勢力，以天皇為中心，在京都展開了一場驚天動地的大鬥爭。

清河八郎的計謀

文久二年（一八六二），倒幕人士集結於京都，鬥爭正熾，以「天誅」為名的暗殺事件頻傳。為維護隔年將軍德川家茂進京的安全，幕府採用山岡鐵太郎及清河八郎的建議，募集在江戶附近的一些浪士到京都維護治安。

從各地募集的浪士於文久三年（一八六三）二月四日在江戶小石川傳通院集結，命名為「浪士組」。八日，啟程前往京都，二十三日到達京都。沒想到到達京都後，領頭的清河八郎一反原先說法，在京都新德寺召集眾浪士們，告知此次召集目的不是護衛將軍，而是要成為天皇的軍隊，攘夷倒幕。

早在抵達京都當天，清河八郎就暗中上書公家請命攘夷。數日之後，御所回信認可清河八郎的請求，並要他們回江戶活動。幕府得到消息，怒不可抑，當下要求清河八郎及浪士組返回江戶，只不過此時的清河八郎怎會把幕府的命令放在眼裡？

到此為止，清河八郎的計謀還算成功，他用幕府的資金召集倒幕的隊伍。幕府吃了悶虧，早在江戶等著他。

三月中，清河八郎率浪士組返回江戶。但是浪士組中有十三人，以近藤勇、芹澤鴨為首，認為清河八郎違反當初「將軍警衛」目的，是欺騙的行為，因此脫離浪士組。近藤勇等人甚至企圖暗殺清河八郎，但沒有成功。

回江戶後，清河八郎積極進行倒幕攘夷計畫，到處招募志士，準備攻擊幕府。對清河八郎的種種行為，幕府已忍無可忍。四月十三日，幕府派出佐佐木只三郎及窪田大郎泉等六名刺客，在江戶麻布一之橋攔他，當場砍死。清河八郎的倒幕計畫自此煙消雲散。

據說清河八郎文武全才，倒幕色彩鮮明。早在說服幕府成立浪士組之前，就因為幾次倒幕行動遭追捕。令人好奇的是為何他有辦法說服幕府赦免他，

新德寺，清河八郎在這裡宣布他的計畫。

甚至還能負責籌設浪士組。可惜他的計謀最後未能成功，沒有為天皇組織一支勤皇隊伍，反而替倒幕陣營製造了強勁的對手。

「壬生狼」誕生，〈局中法度書〉頒佈

近藤勇等人繼續留在京都積極奔走，最後在三月十五日正式拜訪駐紮黑谷金戒光明寺的會津藩，投入京都守護職松平容保轄下。最初成員共二十四人，大部分屯駐在壬生村八木邸（八木源之丞邸）。三月底正式取名為「壬生浪士組」。

壬生浪士組成立之初，成員有三個來源，分別是以近藤勇為首、試衛館出身的「近藤派」，以芹澤鴨為首、水戶天狗黨出身的「芹澤派」，還有殿內義雄等七人。在這七人中，殿內義雄因為理念與近藤勇等人不同，三月二十五日就遭斬殺於四条大橋，其他人或被殺，或逃往江戶。最後只剩下近藤勇及芹澤鴨兩派人馬。

近藤派成員包括近藤勇、土方歲三、沖田總司、

八木源之丞邸（八木邸）。

井上源三郎、藤堂平助、山南敬助、永倉新八、原田左之助、齋藤一，共九人。

文久三年（一八六三）八月，發生八一八政變，長州藩勢力被逐出皇宮。在這次政變中，壬生浪士組因協助幕府有功，加上幕府希望能有效管理壬生浪士組，因此在九月時賜名為「新選組」（也有一說，在八一八政變當時就正式賜名）。新選組正式成為幕府認可的治安部隊，在京都守護職的調度之下，協助維持京都治安。

壬生寺附近新選組住所

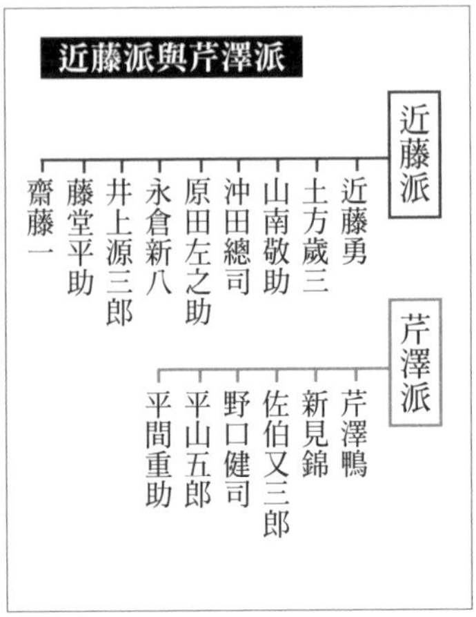

新選組在京都的名聲一開始就不是很好。當二百多名浪士組成的雜牌軍剛到壬生村時，附近的居民形容像是「百鬼夜行」，可見當時形象多差。如芹澤鴨等成員不但以募款之名強取財物，甚至鬧出人命（小野川力士亂鬥事件）。這些都使得京都人對壬生浪士組產生不良的印象。因為他們駐紮於壬生村，還給他們一個「壬生狼」的稱號。

為求整頓，文久三年（一八六三）五月間頒佈〈局中法度書〉，明文規範隊員的行為。主要有五項條文：

一、不可違背武士道
二、不可脫離組織
三、不可任意收取金錢

四、不可任意介入訴訟糾紛
五、不可私鬥
凡有違上述五條者，必須「切腹謝罪」

〈局中法度書〉嚴格約束組員的行為，使組員不容易為非作歹。尤其在肅清芹澤鴨之後，組內紀律更是嚴明。新選組也因此步入正軌，不再是一支雜牌軍。

但是某些時候，〈局中法度書〉卻也成了掌權者整肅異己的工具。有些想脫隊的組員因為規定被迫自殺。此外，違反規定的處罰太過嚴厲，也非常不近人情。

因〈局中法度書〉而遭到處死的隊員不在少數。其中比較有名的包括山南敬助（脫隊）、武田觀柳齋（洩密）、河合耆三郎（挪用公款）等。

無論如何，頒發〈局中法度書〉是新選組的分水嶺。讓新選組從鬆散的浪士組，進化成一支有紀律的部隊。

壬生寺，新選組迷朝聖之地。

光緣寺，新選組住所之一。

暗殺芹澤鴨

新選組進入幕府正式編制之後，也成為維護京都治安的重要力量。當時京都是各路人馬角力的中心，倒幕及幕府雙方無不用盡手段要擊倒對方；難以管控的人一不小心就會成為敵人展開政治鬥爭的把柄。為了組織的紀律及形象，為了不要成為幕府的負擔，新選組開始整肅內部。經常出事的芹澤鴨就成了頭號目標。

不動堂村屯所跡，曾經是新選組屯駐所，現在是家大飯店。

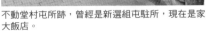

芹澤鴨為人豪爽但粗暴，常常惹是生非。他鬧出的有名事件包括中山道火燒路街事件、小野川力士亂鬥事件，以及火燒大和屋事件等。

火燒大和屋事件發生在文久三年（一八六三）八月十二日。芹澤鴨因為向生絲批發商大和屋募錢被拒，憤而率領組員三十多人放火燒掉大和屋的倉庫。大和屋往來對象多是外國商人，燒了大和屋可以辯稱是「攘夷」，但即使是真正攘夷派也不敢明目張膽在京都放火，況且維護京都消防安全的正是頂頭上司會津藩。芹澤鴨這種行為可說是犯了大忌，嚴重影響幕府及會津藩在京都的形象。當時會津藩正在思考壬生浪士組的未來，出了這種事，部分組員開始擔心會因此遭到解散。

大和屋火燒事件後六日，發生了八一八政變，芹澤鴨再度與守備京都御所的會津藩兵爆發衝突。終於有人忍無可忍，在會津藩的指示下，近藤勇等人決定剷除芹澤鴨。

最先被殺的是芹澤鴨的得力助手新見錦。九月十三日，新見錦在祇園山緒尋樂時，土方歲三等人突然闖入，以「沉於遊樂、怠慢隊務，經常威脅民家，藉口籌募隊費，強取大量金錢」，違反新選組〈局中法度書〉武士精神的理由，要求新見錦切腹自殺。

芹澤鴨雖然覺得這件事有問題，但人已死了一時也提不出反證，所以沒辦法採取任何行動。想不到過了幾天，噩運就降臨到他身上了。九月十八日（一說十六日），土方歲三、沖田總司、山南

八木邸。土方歲三等人由正門進入，當時芹澤鴨與平山五郎睡在庭園前的房間，平間重助則在入門左邊房中。

位於清水寺附近三年坂的明保野亭。

敬助、原田左之助暗夜中潛入芹澤鴨所住的八木邸。一陣惡鬥後，芹澤鴨及平山五郎被殺，平間重助則逃過一劫。

至此，近藤派肅清了芹澤派，去掉了麻煩，在新選組內取得絕對的勢力。

一躍而成京都維安重要力量

新選組雖以武士及劍客的事蹟聞名，但其實他們是幕府的警察部隊，維持京都治安才是主要的工作。除了守護將軍及維護幕府人員的安全，新選組的任務平時最重要的工作就是巡察京都市內，搜索可疑的浪人及志士。由於幕府授權，新選組對居民、浪人有搜查、逮捕及用刑的權力。萬一遇到緊急狀況，還可以當場斬殺。

新選組也可以搜查及逮捕各藩藩士，但是除了像長州藩這種明顯的敵人外，通常會謹慎行之。在池田屋事件後發生的明保野亭事件，就是因為會津藩誤傷土佐藩士引起的。結果導致友好的會津及土佐二藩關係緊張。最後雙方各有一人切腹自殺，以悲劇收場。

守護京都職成立後，京都的治安工作以會津藩為中心，負責保護京都御所。除了新選組，幕府還成立了由幕臣組成的「見迴組」，約四百人守護御所外圍、二条城，以及官舍區。新選組則負責祇園、三条、四条、東山等地區，每天早晚派出人員巡邏。新選組負責的是京都的鬧區，龍蛇雜處，是非多，比較危險。但也因為如此，給了新選組很多表現的機會。池田屋事件就是一個例子。

除了警察任務外，新選組也進行情報工作。諜報活動以稱為「探索方」（最下階的偵察員）為主。除了本身人員，也經常利用外部人員及平民取得情報。例如遊樂場所、算命師，甚至紅燈戶，都可能是情報來源。新選組也利用幕府各機關長年建立的廣大人脈取得更多情報。

慶應三年（一八六七）六月十日，幕府授予新選組全體隊員「幕臣」的地位。當初浪士組成立時的成員，大多是各地的浪人，期望藉由效忠幕府取得武士的地位。新選組多年來屢屢建功，終於得到幕府肯定。從這一天開始，新選組與京都另一支治安部隊見迴組就享有同等地位，得以平起平坐。只是這種日子過不了多久，半年之後，隨著幕府勢力退出京都及關西，新選組隊員也開始過著漂泊不定的生活。

角屋。所在地島原是當年有名的花街，新選組幹部經常在此流連。

「京都守護職屋敷」是京都守護職控制洛中的重要據點。原址現為京都府廳。

新選組的靠山：松平容保

會津藩藩主松平容保是新選組最大的支持者。

會津藩松平家首代藩主保科正之，出身曲折。江戶幕府二代將軍德川秀忠一共有四個兒子：家光、國松、保科正之以及早夭的長男長松丸。正之是秀忠與侍女靜子所生，秀忠懼內，怕事發無法應付，反而害了這對母子，於是將正之託付給保科正光養育成人。三代將軍家光即位後，無意中得知保科正之之存在，就召到身邊委以重任。正之為人謙遜，極受家光信任喜愛；反倒是國松，從小備受秀忠寵愛，長大後卻因不服家光領導，屢屢冒犯法制，最後讓家光有藉口將他處死。保科正之最後受封在會津藩（今福島縣會津地方北部及新潟縣東蒲原郡一部分），是親藩大名。但保科正之一直不願意恢復舊姓，直到二代藩主後才改姓為松平（德川家康舊姓）。松平容保是會津藩第九代藩主。

文久二年（一八六二）京都暗殺事件頻傳，「京都所司代」無法應付治安問題，幕府於是在當年七月在其上設立上層機關「京都守護職」，負責全城治安。同年八月，任命松平容保為守護職，時年二十六歲。

松平容保及會津藩後來成為反抗新政府軍的要角。幕府在鳥羽伏見之戰退出關西後，將軍德川慶喜採取恭順的態度，隱居上野，不再做任何抵抗，但是松平容保卻退據會津藩力抗新政府軍。激戰一個月，犧牲慘重，最後開城投降。這是一場慘烈悲壯的戰爭，後世稱「會津戰爭」。

會津戰爭後，明治政府對會津藩多採寬容態度。松平容保在明治時期還被封為華族，與新選組多數成員的命運大不相同。

池田屋一戰成名

進入幕府編制的組織半年多，新選組最著名的事蹟「池田屋事件」登場。經此一戰，新選組名震京都。

池田屋事件發生的原因要從前一年的八一八政變談起。文久三年（一八六三）八月十八日，中川宮朝彥親王、會津與薩摩二藩，以及公武合體派朝臣發動政變，藉天皇的名義，將以長州藩為中心的尊王攘夷派（尊攘派）勢力逐出皇宮，史稱「八一八政變」。此後，長州藩勢力退出京都，但轉入地下，企圖挽回政局。元治元年（一八六四）年中，尊攘派志士密謀在祇園祭晚上火燒京都，並趁亂殺死中川宮朝彥親王及京都守護職松平容保。計畫中最重要的是擄走孝明天皇，挾天皇以號令天下。

六月一日，新選組逮捕了主導計畫的宮部鼎藏的隨從，於是展開進一步探查。六月五日

位於黑谷的金戒光明寺是會津藩在京都的駐地。

金戒光明寺三重塔。由三重塔往左可到達會津藩墓地，埋葬客死他鄉的會津藩士。

早上，在炭火商古高俊太郎家中搜出大批武器彈藥及秘密書信。在嚴刑拷打之下古高吐露了此次計畫，新選組並且得知在三条及四条的旅館中潛伏著許多尊攘派志士，當下準備進行大搜索。

另一方，六月五日，尊攘派志士得知古高俊太郎被捕的消息之後，馬上通知相關人員，約定當晚在池田屋集合，商討善後事宜。

新選組當時只有三十四名人員，因此先向會津藩及桑名藩求援，但是遲遲等不到二藩軍隊後援。因為怕尊攘派志士散去無法追捕，近藤勇最後決定獨自行動。晚上八時，兵分二路，由祇園會所出發。一路由土方歲三率領，沿著繩手通（今大和大路通）向北搜索料亭及旅館，最後到了四國屋。四國屋的搜查無斬獲，於是轉往池田屋。

另一路由近藤勇率領，一共十人，沿著木屋町通（有一說是沿河原町通）北上搜索。兩個小時後的晚上十時，來到三条小橋附近的池田屋。近藤勇發現情況有異，於是展開部署，由近藤勇、沖田總司、永倉新八、藤堂平助等人入內，三人守在池田屋之前、三人守在屋後，以圖圍堵。

店家一看新選組到來，馬上慌張往店後方跑，準

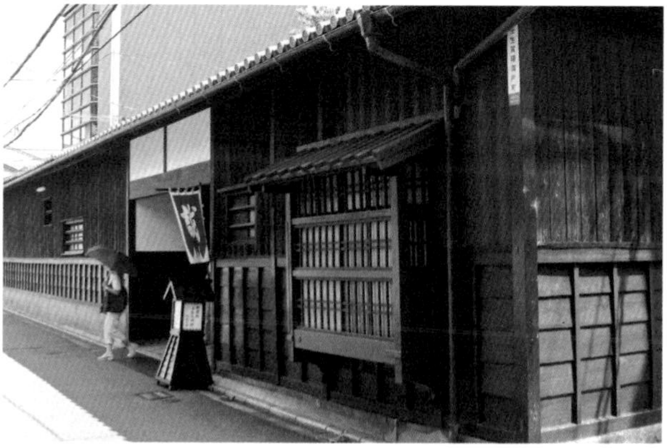

前川宅，新選組住所之一。山南敬助在此切腹。之後古高俊太郎在此遭嚴刑拷打，說出火燒京都的計畫，引發了池田屋事件。

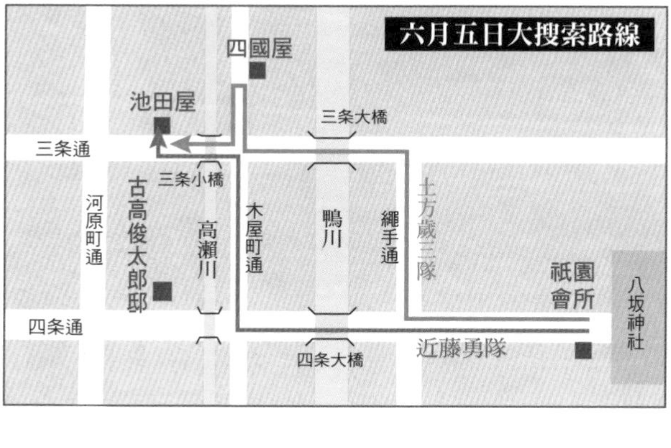

古高俊太郎邸跡

LAWSON
LAWSON
銀行ATM
酒・たばこ

1-古高俊太郎邸跡。

2-祇園會所舊址（八坂神社前西南角）。大搜索前，新選組在此等待支援。

3-「池田屋騷動」碑，標示著池田屋的位置。

4-四國屋（現為金茶寮）是土方歲三隊搜查的終點，在池田屋不遠的地方。

5-三条大橋上還留著事變當時血鬥的刀痕。

4		1
5	3	2

旅人隨想

池田屋

只看資料卻沒有到現場的結果會如何？讓池田屋告訴你。

網路或書上的池田屋現址照片總是聚焦在石碑上，現址的商店通常只露出一角，看起來像雜貨店。歷史著作中百年前的池田屋，也都是事件當夜陰暗的情況，還夾帶著殺氣。沒去之前，感覺現在的池田屋應該像洛中一些街道，到了晚上就沒什麼行人，店家早早打烊收攤吧！尤其百年前發生過這樣如此慘案，住在這裡的人到底是怎麼過活的？

實際來到現場時，眼前景象告訴你一切。池田屋現址在熱鬧的三条通，到晚上十點依舊車來人往。現址開了一家柏青哥店，顧客滿滿。百年前的廝殺依舊，只不過換成了柏青哥。

過了兩年後我再讀到池田屋現況時，發現又換了東家，這次是居酒屋。

池田屋前熱鬧的三条通。

備警告正在樓上開會的志士。近藤勇看到這種情況，直覺找對地方了，立刻緊跟店家衝上二樓。當時正在二樓商討延後舉事的志士被迫與新選組展開一場殊死激戰。接著到來的土方歲三等人，以及會津、桑名藩兵隨即加入戰鬥。池田屋內外頓時成為一片血海。

兩小時後激戰結束。尊攘派志士共七人死亡，二十多名被捕。新選組本身連同傷重不治共三人。新選組在此事件中一戰成名，尊攘派則受到嚴重的打擊。

池田屋事件影響深遠，它雖重重打擊了尊攘派，但也招致激進勢力抬頭。尊攘派的主力長州藩在八一八政變中失去政治舞台，正累積力量準備反攻。池田屋事件使長州藩中的激進派勢力壓過穩健派。六月十五日，長州藩起兵進攻京都，演變成後來的「禁門之變」。但是在禁門之變中，長州藩激進派主要人物真木和泉、久坂玄瑞以及許多志士戰死，尊攘派實力大減。禁門之變後，長州藩穩健派得勢，從此不再以激進手段倒幕，卻反而加速了倒幕的進度。

古高俊太郎以及在事件中被捕的二十多人，後來被移往六角牢獄。禁門之變發生時，獄方怕這些人逃走，於是連同生野之變的首謀平野國臣等共三十三人一起處死。

尊王與佐幕的拉鋸

池田屋事件後，新選組受幕府表揚，因此開始大量招募新血，不料卻埋下日後分裂的因子。

新選組分裂的原因，要從尊王攘夷思想的轉變談起。培里的黑船震撼了日本全國上下，尊王攘夷的想法不久就散布全國。尊王的想法很清楚，天皇雖然無法掌政，仍是日本人的精神中心，但是攘夷的想法就經過了多次轉變。

當時江戶幕府已經掌政二百多年，因此剛開始一般人認為應由江戶幕府領導日本排除外來勢力。不料老中阿部正弘廣徵眾議，讓原來無權參與中央政治的親藩及外樣大名有機會議論國政，開始讓人懷疑幕府是否有能力應付變局。

後來繼任的幕府大老井伊直弼在安政五年（一六五八）發動「安政大獄」，企圖挽回幕府威信。但是激烈的行動也讓攘夷的力量迅速走向倒幕。兩年後，井伊直弼在江戶城櫻田門外被刺身亡（櫻田門外事件），幕府的威信急轉直下，倒幕漸漸成為激進攘夷志士的行動方針。在此同時，倒幕一派將天皇視為倒幕的主要力量，勤皇思想便漸漸與倒幕結合。

新選組成立之初，近藤勇等人可能只是想出人頭地，思想上同樣也是尊王攘夷。但是隨著局勢的轉變，由幕府支持的新選組漸漸變成佐幕急先鋒，到處追殺倒幕志士。對新選組內部一些人而言，尊王是基本不變的道理，但是當倒幕志士將天皇視為倒幕的一方，而自己又站在佐幕的一方時，就會開始困惑。近藤及土方等人一心佐幕，主導了整個新選組的思想，然而一旦勤皇倒幕有了領導人，就會開始在內部茁壯，並且和堅定佐幕的近藤等人產生矛盾。在當時敵我意識分明的環境下，不容在思想上有一點點分歧。於是，分裂終究是要發生。

思想上的大敵：伊東甲子太郎

這一次新選組內部的分裂不是為了除去芹澤鴨這類麻煩人物，他們要對付的是思想上的敵人——伊東甲子太郎。伊東甲子太郎出身水戶藩，受水戶學尊皇思想影響甚深。池田屋事件後新選組聲名大噪，於是趁機到江戶招收隊員，擴大勢力。伊東就在這種氣氛下，該年九月由同為北辰一刀流的藤堂平助介紹，於江戶加入新選組，同時加入的還有其弟鈴木三樹三郎、盟友篠原泰之進、加納道之助、服部武雄、中西昇、內海次郎等人。

伊東舉止溫文儒雅有教養，是殺氣騰騰的新選組需要的人才，因此進入新選組後即被授予「參謀」的職務，位階更高於土方歲三。跟隨伊東同時入組的人也都被指派為幹部，可見近藤勇對伊東重視的

京都御所。住在這裡的天皇一直是日本人的精神中心，在幕末政爭中更是發揮了無形的力量。

程度。

伊東加入新選組的動機，據說是為了利用新選組的勢力達到勤皇的目的。除了帶了一批人入隊，已經具有影響力外，與〈局中法度書〉的嚴厲相較，常為隊員說情的伊東手腕柔軟，更能收攏人心。從入新選組到脫隊自組御陵衛士隊，伊東甲子太郎在新選組中不過兩年多，卻就這樣一步一步影響新選組，從內部造成嚴重的分裂，其中包括新選組草創時的重要成員。

伊東進入新選組三個多月後，發生了重要幹部山南敬助逃脫事件。

山南敬助是新選組最初的成員之一，為人溫和，與近藤勇等人是稱兄道弟的夥伴，但池田屋事件後就較少活動，據說是因為生病。元治二年（一八六五）二月二十二日，山南留下書信告知沖田總司因思念故鄉而脫隊。土方歲三命令沖田總司將山南追回。最後依〈局中法度書〉被判切腹，由沖田總司擔任介錯，了結一生。

西本願寺太鼓樓，是新選組在西本願寺的屯所。

對新選組成員，尤其是幾個重要幹部而言，山南敬助之死造成相當大的打擊。山南脫隊的原因眾說紛紜。有一說是因為近藤勇在新選組移駐西本願寺一事上只聽從土方之言，而忽視山南的建議，使他非常不滿。另有一說是因為山南對新選組佐幕的理念灰心。山南認為，同樣是尊王，為何新選組要追殺這些尊攘派志士？山南有這樣的疑問，其他人難道沒有這樣的想法嗎？伊東等人被懷疑與這件事有關，這也顯示伊東已經開始展現影響力。

爾後，伊東經常與各藩人員往來，身邊的人對長州藩也採取同情的態度。慶應二年（一八六六）九月，與伊東同一陣線的篠原泰之進與近藤勇及土方歲三會談，明白表示雙方對勤王的立場不同，清楚表達脫隊的可能。之後伊東還與親長州藩的人會面，而篠原泰之進則持續接洽離隊後屯所的事情，脫隊行動已箭在弦上。

慶應三年（一八六七）三月，伊東等人以擔任孝明天皇御陵衛士為由，申請脫離新選組，並獲得近藤勇的允許。同時脫隊的有十六人。在脫隊的組員中，最特殊的是新選組原始成員藤堂平助（也是池田屋事件的主角之一）。藤堂平助與伊東同門，當初正是他將伊東引介入新選組。脫隊之初，伊東等人駐於泉湧寺，後來移駐高台寺月真院，因此又被稱為高台寺黨。

近藤勇在伊東離開新選組時，與伊東談好，限制部分隊員與伊東一起脫隊，並且不得再吸收新選組

西本願寺其實不是那麼歡迎新選組進駐。

高台寺月真院，伊東等人脫離新選組後最後的屯駐所。

員，否則將嚴厲處分。即使如此，仍有隊員想要脫隊。四月中，田中寅三投靠伊東遭拒，被帶回新選組切腹。六月，茨木司等十人希望投靠伊東也被拒，最後六位低階組員被釋放，茨木司等四人切腹。組員前仆後繼想離開新選組，伊東的離開對新選組產生了巨大的壓力。

油小路上血花四濺

新選組和伊東甲子太郎等人的矛盾愈來愈大，終於造成新選組成立以來內部最大的慘案「油小路事件」。

伊東等人脫離新選組後，表面上與新選組是友好的團隊，實則與新選組明爭暗鬥。最後，伊東計畫火燒新選組屯駐所，趁亂殺死近藤勇等幹部。在著手進行時，近藤勇埋伏在御陵衛隊的間諜齋藤一及時密報，近藤勇等人因此計畫先下手襲擊伊東。

慶應三年（一八六四）十一月十八日，伊東甲子太郎因須向新選組借調經費，在近藤勇假意邀約之下，於近藤勇小妾的住宅接受招待。酒宴之後，伊東醉醺醺地返回住所。途中經過油小路通及木津屋橋通附近時，埋伏暗處的大石鍬次郎等人突然殺出。伊東被砍數刀，掙扎往前，最後死在本光寺門前。

伊東死後，新選組還不罷休，故意讓伊東曝屍街頭（在今日七条通及油小路通交叉口）。御陵衛隊人員聞訊前來收屍，剛好中了新選組的埋伏。在敵眾我寡的情況下，御陵衛隊的藤堂平助、服部武雄、毛內有之進三人當場斃命。三人又曝屍了五天才遲遲有人來收屍。逃脫的御陵衛隊人員則躲入薩摩藩中村半次郎宅邸。

油小路事件後，剩下的隊員各自尋求保護，御陵衛隊形同瓦解，但並未失去戰鬥力。一個月後，十二月十八日，近藤勇自二条城參加會議回到當時的駐地伏見奉行所途中，被御陵武士中的篠原泰之

安寧小學。近藤勇小妾的住宅在今日安寧小學前堀川通上，伊東甲子太郎在此吃完他最後的晚餐。

木津屋橋通。伊東甲子太郎遇襲地。

本光寺，伊東甲子太郎絕命之處。

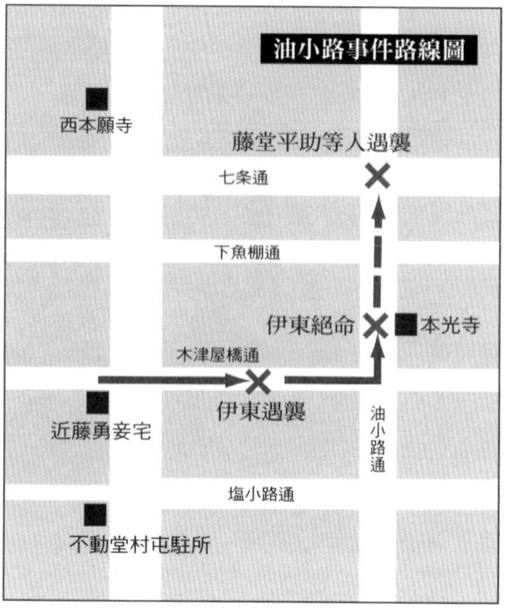

進、阿部十郎等人埋伏槍擊，近藤勇右肩嚴重受傷。雖然逃離現場，躲過一劫，但已經無法作戰，最後被後送至大坂。時值幕府軍與新政府軍對戰前夕，新選組指揮官受傷，嚴重影響戰力及軍心。但是，大勢逆轉，近藤勇有無參加作戰已無關緊要了。

在伊東甲子太郎遇襲前三天的十一月十五日，坂本龍馬及中岡慎太郎被暗殺。由於伊東甲子太郎在之前曾經前往警告有人要對他們不利，而在坂本龍馬喪命後三天，伊東也被殺，因此有人懷疑新選組也涉入坂本龍馬暗殺事件中。不過坂本龍馬事件的凶手眾說紛紜，真相至今未明。

天皇、將軍正式開戰

在新選組內部因為伊東脫隊而造成震撼的同時，局勢也在迅速轉變。

油小路事件發生前一個月，慶應三年（一八六七）十月十四日，第十五代將軍德川慶喜企圖利用「大政奉還」，以成立國會的方式，重新掌握國家實權。但在一連串明爭暗鬥之後，倒幕派朝臣岩倉具視等人假傳明治天皇旨令，下令討伐德川慶喜，幕府軍反而被打成「朝敵」（朝廷的敵人）。

德川慶喜隨後領軍由大坂進攻京都，企圖挽回劣勢。明治元年（一八六八）一月三日至六日，幕府軍與新政府軍（以薩摩藩及長州藩為主力）在京都南部的鳥羽、伏見等地展開大戰（鳥羽伏見之戰）。

此時移駐至伏見奉行所的新選組也參與此次戰役。參戰的幕府軍有一萬五千人，新政府軍只有五千人。但由於被稱做「朝敵」，幕府軍軍心渙散。加上對新式武器之運用不如新政府軍，戰鬥不過二日即開始往大坂潰退。一月七日，在幕府軍待重整反攻京都之際，德川慶喜卻和親信自大坂出逃，乘船往江戶撤退。幕府軍聞訊大潰，幕府在關西的勢力頓時瓦解。

新選組人員此時也乘船退往江戶。接下來，新選組跟隨支持幕府的軍隊，與新政

旅人隨想

油小路慘案現場

伊東甲子太郎是新選組中頗具爭議的人物，最後被新選組斬殺於本光寺前，他的支持者也在附近的七条通油小路口遭到圍殺，死傷慘重。

從堀川通循著當時伊東的腳步走過安寧小學、木津屋橋通、本光寺，最後來到七条油小路，如同重回事件現場一般。

旅程中住在附近，晚上在七条通油小路口乘涼時，剛好可以看到慘案發生地點。

千里迢迢親臨現場已經夠令人興奮了，看似遙遠的歷史現場更是近在眼前。尤其時間也對了，好像那椿著名的慘案發生在你家樓下一般，而你也成了事件的人物之一。

下次再看到有關影集，除了事件本身，還能想像在旁邊人行道上，一百五十年後有個人正看著當時發生的慘事。

七条通與油小路通交叉口，油小路事件發生地。

府軍在各地展開激戰。無奈幕府軍節節敗退，而新選組成員也如同櫻花一般，在春風吹拂之下，紛紛飄落。

近藤勇人頭落地

明治元年（一八六八）一月中旬，德川慶喜退出大坂後，新選組組員分別乘軍艦富士山丸及順動丸往江戶前進。三月，新選組重組為「甲陽鎮撫隊」，前往甲州攻占甲府，不料在勝沼的柏尾被新政府的東山道軍擊敗。近藤勇、土方歲三等人轉進松戶、流山一帶。

四月一日，兩百多名新選組員進入松戶。近藤勇率領一部分先遣隊進駐流山長岡屋（在千葉縣流山市）布陣。四月三日被新政府軍包圍。為掩護新選組人員撤退，近藤勇決定自首。接著被押往江戶，進行一連串審問，最後於四月二十五日在板橋平尾一里塚（今東京都ＪＲ京埼線板橋站附近）斬首。

近藤勇以人頭落地結束一生，其中有些曲折。

墨染之伏見街道，近藤勇在附近遇襲。

近藤勇在流山以「大久保大和」之名投降。接受投降的有馬藤太即使知道他是近藤勇，因為沒有結怨，一直以武士之禮相待，甚至打算用有遮蔽的車子運送。不幸的是，有馬後來出征前線，事情有了大轉折。近藤勇無意間被油小路事件脫逃者加納道之助識破，向官軍指出他的實際身分。結果近藤勇被視為罪犯，運送到江戶板橋時還被丟進擁擠的牢房中。

在討論如何處置近藤勇時，各藩有不同立場。薩摩藩採取比較寬容的態度，而水戶藩的香川敬三則相反，土佐藩認為新選組暗殺了坂本龍馬及中岡慎太郎，也支持要嚴厲處置。由於情勢混亂，總督府沒詳細考量就下了斬首的命令。結果近藤勇並非以武士切腹的光榮方式自殺。

近藤勇遭斬後，屍首在板橋示眾。他的頭再被運到京都，在離池田屋不遠的三条河原示眾。一連串

伏見奉行所舊址，現在已闢成國民住宅。鳥羽伏見之戰發生時，新選組移駐於此地。

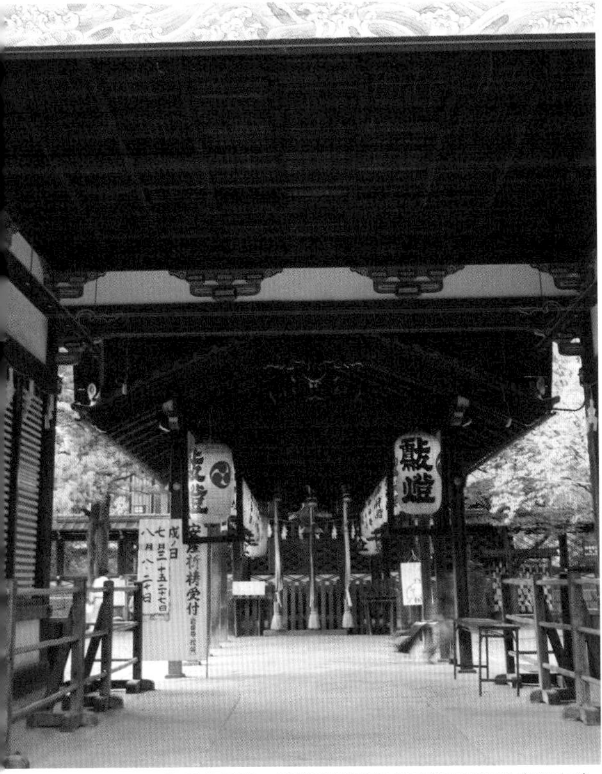

御香宮神社。新選組曾與政府軍激戰於神社東側山坡。

近藤勇像（壬生寺墓地）。

不堪的待遇，顯見新政府軍有些人對新選組痛恨之深。和一些投降者相比，近藤勇下場淒慘。只能說他的名氣太大，結怨太多，不巧又落到仇家手中。

落幕：從池田屋到千兩松

近藤勇死後，五月十五日，支持幕府的彰義隊在上野（今東京上野區）與新政府軍展開激戰。彰義隊的原田左之助負傷，數日後去世。

五月三十日，久為肺結核所苦的沖田總司終於在江戶病逝。沖田總司劍術高超，但從慶應三年（一八六七）到去世之間，由於病情嚴重，無法再上戰場立功。鳥羽伏見之戰時，沖田被護送至大坂；敗戰後與新選組退到江戶。雖然參加甲陽鎮撫隊，但中途脫隊。後來投靠幕臣松本良順，最後死於千駄谷植木屋平五郎家。距近藤勇遭斬首不到兩個月。遺體被送到沖田家的菩提寺專稱寺（在現在的東京都港區）埋葬。

與新政府軍對戰最久的是土方歲三。土方歲三在流山與近藤勇訣別後，進入江戶。為了營救近藤勇，土方四處奔走，最後還是沒有成功。之後跟隨松平容保入會津藩。會津之戰前，松平容保命他轉至仙台。之後隨榎本武陽轉至北海道，成立蝦夷共和國，繼續與新政府軍對抗。明治二年（一八六九）五月十一日，新政府軍自箱館（今函館）山頂奇襲，土方為了拯救弁天台場的新選組同志出陣，在一本木關門附近遭槍擊陣亡。五月十八日，五稜郭開城，戊辰戰爭結束，新選組的歷史也隨之落幕。

永倉新八及齋藤一是新選組近藤派中少數未戰死的組員。永倉於明治四年（一八七一）在北海道改名為杉村義衛，繼承杉村家戶主。明治九年（一八七六），還到東京板橋近藤勇被斬首的地方為新選組員建立墳墓，直到大正四年（一九一五）一月五日才在北海道小樽市去世，享壽七十七歲。他的口述著作《新撰組顛末記》是研究新選組歷史的重要著作。

齋藤一曾參與會津戰爭。明治時期改名為藤田五郎，加入明治政府的警部服務，在大正四年（一九一五）去世。

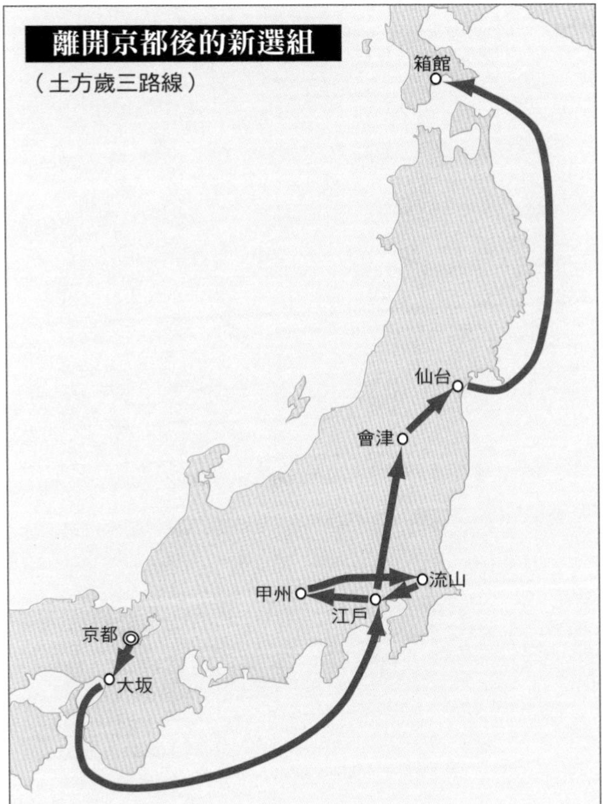

在另一段旅程中，我乘車來到淀城。淀城位於三川合流及巨椋池附近，自古就是戰略要地。烏羽伏見之戰時，戰敗的幕府軍退到此地，原本以為在此的淀藩會讓他們入城固守，以便反攻。想不到淀藩軍不但不開城門，反而炮轟，造成幕府軍士氣大挫，只好往大坂撤退。

現在的淀城建於江戶時期，僅存本丸。本丸範圍不大，護城河也沒什麼整理。參觀淀城後，我沿著十三號公路往納所方面前進，繼續找尋與新選組有關的遺跡。造訪過淀小橋跡後繼續往北前進，此時天色漸暗。下一站要去的地方是千兩松，新選組與幕府軍在此地與新政府軍大戰，不幸敗北。

雖然有地圖，但是暗夜讓人失去方向感，沒辦法像白天那樣轉入道旁小徑，自由探險一番。這地方是伏見鄉下，走在路上，我北望前進方向，眼前道路不知通向何方，只有一片黑暗。看來找不到千兩松了，心中突然一陣茫然與絕望。

池田屋和千兩松剛好對映了新選組處境的轉變。池田屋之變後的新選組想必是士氣大振，當了這麼久的浪人傭兵，終於有揚名的一役。然而在千兩松作戰的新選組員心中想的是什麼呢？已經變成天下的公敵（朝敵），之後又一路敗走撤退，到底要撤到哪裡去？未來還有希望嗎？也許他們正像此時暗夜中前行的我，失去目標，只有絕望和茫然。

最後的武士

夏夜坐在油小路與七条通交叉口附近，一百多年前發生在此的慘殺事件彷彿重現眼前。利用死屍引來敵人再予以圍殺，無論如何不能算光明正大，更不像是武士所當為。

從新選組的歷史看來，他們不過就是江戶幕府底下的警察部隊，而且一開始還不是正式編制，為何日本人至今還對新選組有一種莫名的狂熱？

要了解其中原因，可能要考慮一些正面因素以外的實情。

首先，新選組的故事性相當強。幕末沒有一個武士團體經歷過這麼多事件，而且組內每個重要成員都留下鮮明的性格及故事。即使是遭到肅清的芹澤鴨、伊東甲子太郎也都有清晰的面貌。這些故事讓新選組成了幕末武士組織的代表，讓後人可以從故事中尋求認同的對象。

悲劇性的結局更增加了故事的張力。

近藤勇被殺是悲劇，以斬首結束一生更是悲劇中的悲劇。土方歲三的經歷則連結了武士道和悲劇性。土方歲三外表英俊挺拔，行事果斷冷酷，而且劍術高超。從新選組組成開始，一路與倒幕派及新政府軍戰鬥，直到最後戰死箱館為止，完全是理想中的武士典型。

故事性強加上悲劇的結局，終於讓後人對新選組有了以下的評價：「新選組在幕末明知不可為的情勢之下，依然堅持武士之道，忠於主君，最後悲劇性地結束一生，堪稱日本最後的武士。」

黃昏時分的淀城。民家與鐵路已逼近城下。

天保五	一八三四	十月九日：近藤勇生於武藏國多摩郡上石原村。
天保六	一八三五	五月五日：土方歲三生於武藏國多摩郡石田村。
天保十三	一八四二	沖田總司生於江戶白河藩邸。
嘉永六	一八五三	六月三日：「黑船來航」，美國東印度艦隊總司令培里率四艘戰艦至江戶灣（東京灣）。
安政五	一八五八	九月七日：幕府大老井伊直弼發動「安政大獄」。
萬延元	一八六〇	三月三日：「櫻田門外之變」，井伊直弼遇刺身亡。
文久元	一八六一	八月：近藤勇接任天然理心流第四代宗主以及「試衛館」道場主。
文久二	一八六二	四月二十三日：「寺田屋事件」。 閏八月一日：松平容保就任京都守護職。 十二月二十四日：松平容保率會津藩軍至京都，入駐黑谷金戒光明寺。 十二月：幕府接受清河八郎建議，召募浪士組。
文久三	一八六三	二月四日：幕府浪士隊在江戶小石川的傳通院組成。 二月八日：浪士組由江戶出發，前往京都。 二月十日：芹澤鴨因住宿分配問題，在道中放火。 二月二十三日：浪士組到達京都，入住壬生村。 三月十二日：近藤勇及芹澤鴨等二十四名人員，脫離清河八郎的幕府浪士組，留在京都。屯駐於八木源之丞宅邸屋敷及前川莊司宅邸。三月底，組成「壬生浪士組」。 三月二十五日：殿內義雄在四条大橋被殺。 四月十三日：清河八郎在江戶被殺。

清河八郎。

元治元

一八六四

五月：頒布〈局中法度書〉。

六月三日：「小野川力士亂鬥事件」，芹澤鴨、沖田總司、齋藤一等人在大坂與相撲力士發生衝突。力士五人死、十六人傷。

七月：「薩英戰爭」，英國為報復生麥事件，艦隊砲擊薩摩藩鹿兒島。

八月十二日：「大和屋燒討事件」，芹澤鴨放火燒掉生絲批發商大和屋的倉庫。

八月十八日：「八一八政變」，三条實美等七名公卿被逐出京都，前往長州。

九月：受賜「新選組」隊名。

九月十三日：新見錦在祇園被迫切腹。

九月十八日：芹澤鴨在八木邸遭暗殺。

二月二十日：孝明天皇將年號由「文久」改為「元治」。

六月五日早：古高俊太郎遭新選組逮捕。

六月五日夜：「池田屋事件」，新選組在京都三条池田屋襲擊尊攘派志士。

六月十日：「明保野亭事件」。

七月十九日：「禁門之變」（蛤御門之變），長州藩進軍京都，與會津、薩摩藩激戰於京都御所蛤御門。

七月二十日：「六角牢獄慘案」，古高俊太郎及平野國臣等三十三名被處決於六角牢獄。

七月二十一日：「天王山山中攻略戰」，長州藩真木和泉等十七人自殺。

八月三日：英法美荷四國聯合艦隊攻擊下關。

九月九日：伊東甲子太郎等人入新選組。

元治二 （慶應元）	一八六五	二月二十二日：山南敬助脫隊。二十三日切腹。 三月十日：新選組屯駐所由壬生轉移至西本願寺。 四月八日：孝明天皇年號由「元治」改為「慶應」。
慶應二	一八六六	一月二十二日：「薩長同盟」，薩摩藩及長州藩在京都訂定同盟密約。 二月十二日：新選組會計河合耆三郎以私用隊金之罪被斬首。 六月七日至八月二十二日：第二次長州征討，薩摩藩因薩長同盟密約，拒絕出兵，幕府軍慘敗。 七月二十日：十四代將軍德川家茂病死。 九月十二日：「三条制禮事件」，土佐藩士藤崎吉五郎被新選組斬殺。 十二月五日：一橋慶喜就任第十五代將軍。 十二月二十五日：孝明天皇病死。
慶應三	一八六七	三月二十日：伊東甲子太郎脫離新選組，組成「禁裏御陵衛士」。 四月十五日：田中寅三切腹。 六月十日：幕府將新選組全體隊員提升為幕臣。 六月十四日：茨木司、佐野七五三之助等四人切腹。 六月十五日：新選組屯所由西本願寺移往不動堂村。 六月二十二日：武田觀柳齋遭斬殺。 十月十四日：「大政奉還」。 十一月十五日：坂本龍馬及中岡慎太郎被暗殺。 十一月十八日：「油小路事件」，伊東甲子太郎被新選組刺殺。新選組利用伊東遺體誘殺藤堂平助等御陵衛士。

		十二月十六日：新選組移住伏見奉行所布陣。
		十二月十八日：近藤勇在伏見街道遭伊東甲子太郎同黨槍擊。
慶應四（明治元）	一八六八	一月三日：鳥羽伏見之戰爆發。四～六日幕府軍戰敗往大坂撤退。
		一月十日：新選組乘軍艦富士山丸及順動丸往江戶。
		三月一日：新選組隊員重組成「甲陽鎮撫隊」，由江戶出發往甲州。
		三月六日：攻占甲州城失敗。近藤及土方轉往下總流山。
		四月三日：近藤勇投降。土方歲三前往江戶。
		四月十一日：江戶無血開城。
		四月十五日：上野戰爭爆發。原田左之助負傷，數日後死亡。
		四月二十五日：近藤勇在板橋遭斬首。
		五月三十日：沖田總司在江戶病逝。
		七月十七日：江戶改稱東京。
		八月十九日：榎本武揚率領艦隊由江戶出走。
		九月八日：明治天皇年號由「慶應」改為「明治」。
		九月二十二日：會津藩開城投降，會津戰爭結束。
		十二月五日：蝦夷共和國成立。
明治二	一八六九	三月二十五日：宮古灣海戰。
		五月十一日：土方歲三在箱館一本木關門戰死。
		五月十八日：五稜郭開城。戊辰戰爭結束。

土方歲三。奮勇作戰，至死方休。

新選組歷史風景簿

八木邸	京都市中京區壬生梛ノ宮町24（地下鐵東西線大宮站南行，大宮綾小路西行）
前川邸	京都市中京區壬生賀陽御所町49（地下鐵東西線大宮站南行，大宮綾小路西行）
光緣寺	京都市下京區綾小路通大宮西入四条大宮町37（地下鐵東西線大宮站南行，大宮綾小路西行）
壬生寺	京都市中京區坊城通佛光寺上ル西側壬生梛ノ宮町（地下鐵東西線大宮站南行，大宮綾小路西行）
新德寺	京都市中京區壬生賀陽御所町48（地下鐵東西線大宮站南行，大宮綾小路西行）
島原（大門）	京都市下京區壬生花屋町西入藥園町
角屋	京都市下京區西新屋敷揚屋町32
違輪屋	京都市下京區西新屋敷中之町114
西本願寺	京都市下京區堀川通花屋町下ル
近藤勇妾宅	京都市下京區御方紺屋町（安寧小學正門前堀川通）
不動堂屯所跡	京都府京都市下京區東堀川通鹽小路下ル松明町1（大飯店前）
油小路事件現場	京都市下京區油小路七条
本光寺	京都市下京區油小路通木津屋橋上ル油小路町
池田屋	京都市中京區河原町三条東入北側
古高俊太郎邸	京都市下京區木屋町四条上ル西入南側

金戒光明寺	京都市左京區黑谷町121
祇園會所跡	京都市東山區東大路四条西入南側（八坂神社前西南角）
高台寺月真院	京都市東山區下河原町528
明保野亭	京都市東山區清水二丁目（產寧坂東側）
「京都守護職屋敷」碑	京都市上京區下立売通新町西入藪ノ內町（京都府廳大門內右側，地下鐵烏丸線丸太町站2號出口10分鐘）
御香宮神社	京都市伏見區御香宮門前町（近鐵京都線桃山御陵前站東行5分鐘，京阪電鐵本線伏見桃山站東行6分鐘）
「伏見奉行所跡」石碑	京都市伏見區西奉行町（近鐵京都線桃山御陵前站南行7分鐘，桃陵團地53棟西南）
千兩松	京都市伏見區納所下野（124號道路東行15分鐘天橋下）
淀小橋跡	京都市伏見區納所町（納所叉路124號道路東行1分鐘北側）
東京板橋近藤勇墓	東京都板橋區板橋（JR埼京線板橋站　野川口前）
流山長岡屋本陣跡	千葉縣流山市流山2-108（流鐵流山線流山站徒步3分鐘）
五陵郭	北海道函館市
土方歲三最期之地碑	北海道函館市若松町33若松綠地公園內（JR函館步行5分鐘）

國家圖書館出版品預行編目資料

京都歷史事件簿 / 林明德著. -- 初版 .
臺北市：遠流， 2010.06
面； 公分. --（日本館,潮；J0212）

ISBN 978-957-32-6654-9（平裝）

1. 日本史 2. 人文地理 3.日本京都市

731.7521 99009405

日本館．潮 J0212
京都歷史事件簿

作者．攝影——林明德
主編——吳倩怡
特約編輯——陳錦輝
行政編輯——許景麗
美術編輯——陳春惠
地圖繪製——林明德．陳春惠

發行人——王榮文
出版發行——遠流出版事業股份有限公司
100台北市南昌路二段八十一號六樓
電話——(02) 2392-6899
傳眞——(02) 2392-6658
郵政劃撥——0189456-1
著作權顧問——蕭雄淋律師
2010年6月1日——初版一刷
2016年7月1日——二版二刷
售價新台幣——350元

Printed in Taiwan
ISBN 978-957-32-6654-9
遠流博識網
http://www.ylib.com E-mail:ylib@ylib.com